Histoires
insolites et secrètes

DU MÊME AUTEUR

Versailles confidentiel. Amours et intrigues à la cour du roi de France, Vuibert, 2018.

12 scandaleuses qui ont changé l'Histoire, Pygmalion, 2015.

Gala. 1993-2003 : 10 ans avec les stars (collectif), Jacques-Marie Laffont, 2003.

Marc Fourny

Histoires insolites et secrètes

De Toutânkhamon à Lady Diana

PERRIN

Le Point

92, avenue de France
75013 Paris
Tél. : 01 44 16 08 00

ISBN : 978-2-262-10579-2
Dépôt légal : juin 2025

Mise en pages : PCA

À mes fils Jules et Baptiste,
qui savent que l'Histoire reste le plus incroyable des romans

Préface

Mon contact avec l'Histoire se fit par le petit bout de la serrure, façon concierge, un peu par effraction... C'était l'époque où l'institutrice accrochait ces grandes planches de gravures pédagogiques, que l'on trouve aujourd'hui sur les brocantes, qui déroulaient le grand roman de notre passé. Mes parents ayant choisi de bannir la télévision du foyer, ces rendez-vous picturaux sont vite devenus ma récréation culturelle attendue avec délice. Je me souviens encore du roi Clovis, porté en triomphe sur son bouclier, du pauvre chevalier Roland s'époumonant dans son olifant au fond des éboulis des Pyrénées, de ce fou de Bernard Palissy qui brûlait ses meubles pour cuire ses émaux, du jeune Bara piqué comme un insecte par la fourche d'un Vendéen ou encore l'immense colonne des légions perdues de Napoléon dans la neige de Russie, avec les corbeaux menaçants dans le ciel, les cosaques en embuscade et les regards vitreux des soldats agonisant dans la glace...

C'était *Game of Thrones* avant l'heure, notre Youtube des années 1970, le TikTok didactique inventé sous la IIIe République pour captiver les regards, marquer les esprits et donner quelques repères historiques aux jeunes esprits en formation. Dans cette petite école publique des monts du Lyonnais, tout le monde profitait du cours puisque quatre classes étaient mélangées dans un semblant de désordre parfaitement maîtrisé. Et chacun faisait son miel des grandes heures de ce roman de France résumé en images, avec forcément des raccourcis et des approximations, mais qu'importe... On entrait comme un voyeur dans ce grand théâtre coloré avec ses scènes imposées, glanant quelques noms célèbres, des dates lointaines et surtout beaucoup de frissons, de fureur et d'émotion, amplifiés par les talents de conteuse de notre enseignante. La méthode était peu académique, mais qu'est-ce qu'elle était vivante !

Elle m'a en tout cas poussé à déchiffrer ces gravures pour mieux les comprendre, en poursuivant par la suite des études en sciences humaines. Les coulisses ont toujours été beaucoup plus intéressantes que la photo officielle ou les portraits figés laissés pour la postérité, hier magnifiés par les peintres, aujourd'hui ciselés par les communicants. Que se cache-t-il derrière ces tableaux empesés, ces images d'Épinal, ces caricatures historiques qui ont fini par résumer la vie de nos héros et de nos princes ? Sous le costume, les discours, les faits d'armes, il y a d'abord un homme ou une femme, avec sa culture, ses contradictions, ses émotions et sa psychologie. Et c'est là que l'éclairage peut devenir intéressant, un contrechamp utile et souvent révélateur.

Je me souviens ainsi d'une discussion partagée un jour avec Valéry Giscard d'Estaing, en marge d'une interview. La conversation avait débordé sur l'Histoire et la renommée, en remarquant combien le premier souvenir d'un personnage historique ne tenait parfois qu'à un fil, un rien, un raccourci, une citation – parfois inventée –, un défaut, une manie ou bien un scandale : la lyre de Néron, les cages de Louis XI, Henri III et ses mignons, les moutons de Marie-Antoinette, le président Deschanel grimpant aux arbres... Et il me vint soudain à l'esprit l'affaire des diamants de Bokassa, liée à jamais à l'image de VGE et à son destin politique, qui a bien souvent occulté tout le reste et caricaturé son mandat. Je commençai à me décomposer, il comprit l'allusion. « C'est juste, un grand destin se résume le plus souvent à une simple anecdote... », conclut-il avec sans doute une légère amertume.

C'est cette approche que je vous propose dans ce livre, qui reprend les chroniques écrites pour le magazine *Le Point* depuis une dizaine d'années : une succession de révélations, d'angles originaux, de faits et de curiosités méconnus pour revisiter l'histoire imposée ou certaines idées reçues. Il s'agit d'incursions récréatives mais véridiques, insolites ou didactiques, parfois édifiantes, qui ont toutes rencontré un grand succès auprès des lecteurs du *Point*. On y trouve, pêle-mêle, la jeunesse turbulente de Toutânkhamon, les vérités et légendes sur Jeanne d'Arc, ces parfums capiteux qui eurent la peau d'Henri III, l'histoire d'un vieillard qui escroqua la Révolution française, les pensées suicidaires de Napoléon, les secrets intimes de la reine Victoria, la misère financière de Baudelaire ou encore le naufrage psychique de Pétain sur l'île d'Yeu...

À chaque fois, c'est la complexité des personnages, leurs ambitions ou leurs failles, ainsi que l'aspect incroyable ou parfois rocambolesque de certains événements historiques qui ont guidé mon choix. Dans le même registre, on découvre la formidable fortune amassée par le ministre Mazarin, les coulisses peu reluisantes de la prise de la Bastille, la misérable enfance de Louis XVI, la guerre méconnue entre la France et les États-Unis, les magouilles financières de l'impératrice Joséphine, le passé sulfureux de l'Élysée, les manies intimes d'Adolf Hitler ou comment Staline carburait à la vodka… Sans oublier la dernière maîtresse de Mao, la seule qui pouvait encore lire sur les lèvres du dictateur moribond pour traduire ses dernières instructions politiques.

On comprend que ce livre est plus celui d'un journaliste passionné que d'un chercheur chevronné blanchi par des heures d'étude dans les salles d'archives. Qu'il me soit d'ailleurs permis ici de remercier les historiens de renom sans lesquels rien de ceci n'aurait été possible – leurs ouvrages de référence sont listés dans les dernières pages. Ils sont les archéologues de la mémoire, les forçats de la recherche, dédiant une grande partie de leur vie à des périodes historiques précises qu'ils maîtrisent sur le bout des ongles. Je reste ainsi le passeur de leurs derniers travaux récemment publiés. Et qu'ils me pardonnent d'avoir parfois pris une loupe grossissante pour mettre en relief des passages truculents, mais si révélateurs. Puisse ce livre vous cultiver, vous distraire et vous faire réfléchir sur ce grand théâtre des vanités et du pouvoir, toujours riche d'enseignements… Laissons la conclusion à Napoléon, qui avait un mot sur tout : « Que mon fils lise et médite l'Histoire, c'est la seule véritable philosophie. »

ANTIQUITÉ

*
* *

Les humains étaient accros au tabac il y a 13 000 ans

Le tabac s'est invité dans le quotidien de l'humanité bien plus tôt qu'on ne le pensait… Des chercheurs ont en effet découvert des résidus du « tabac du coyote », une variété sauvage appelée *Nicotiana attenuata,* toujours présente en Amérique du Nord, dans un ancien site d'habitation datant de 12 300 ans au cœur du Grand Lac salé de l'Utah. Selon un article publié en 2021 dans la revue spécialisée *Nature Human Behaviour,* ces graines carbonisées se trouvaient dans les vestiges d'un foyer humain intact, où les chercheurs ont aussi déniché divers objets en pierre et en os, comme de petits outils tranchants utilisés pour la chasse. À l'époque, le Grand Lac salé était constitué d'immenses marais avec un climat bien plus froid qu'aujourd'hui.

D'après l'archéologue Daron Duke, auteur de l'étude, les nomades du site de l'Utah ne se sont pas servis de ces graines pour allumer le feu, car il existait d'autres moyens bien plus efficaces. Mais elles prouvent que le tabac était cueilli, puis fumé ou alors mâché pour les vertus stimulantes de la nicotine qu'il contenait.

« À l'échelle mondiale, le tabac est la reine des plantes psychotropes, et maintenant nous pouvons directement retracer ses racines culturelles à l'ère glaciaire », a expliqué l'archéologue. Jusqu'alors, la première utilisation reconnue de tabac remontait à 3 300 ans, à partir de résidus de nicotine retrouvés à l'intérieur d'une pipe en Alabama. Cette nouvelle découverte fait remonter la consommation de tabac à 9 000 ans plus tôt et laisse supposer que les chasseurs-cueilleurs avaient très bien compris ses divers effets sur le cerveau…

Il est toutefois impossible de savoir dans quel but ils l'utilisaient à cette époque. Usage médical ? Cérémonies festives ou sacrées ? On sait aujourd'hui que les peuples autochtones de ces contrées le mélangeaient souvent à d'autres plantes selon des usages et des rites précis : pour la médecine, lors de rassemblements communautaires, afin d'entrer en communication avec les esprits ou pour sceller une alliance – le fameux calumet de la paix – par exemple. Le tabac pouvait être aussi bien fumé, mâché, bu en infusion ou encore utilisé sous la forme de cataplasmes – une variante pâteuse de nos patchs à la nicotine.

« Nous ne savons pas exactement quand le tabac a été domestiqué, reconnaît le chercheur Daron Duke. Mais il y a un grand développement de l'agriculture dans les Amériques au cours des 5 000 dernières années. Les preuves de l'utilisation du tabac, à la fois directe – graines et résidus – et indirecte – comme les pipes – augmentent nettement pendant cette période, parallèlement à la maîtrise des cultures vivrières. » Ce sont les Européens qui finissent par découvrir à leur tour cette curieuse plante et la rapportent dans les cales de leurs navires dès le XVIe siècle. Un certain Jean Nicot, ambassadeur de France au Portugal, en enverra à la reine Catherine de Médicis pour soigner les douloureuses migraines de son fils François II. C'est ainsi que le tabac prit sa place sur les rayonnages des apothicaires du royaume de France. Et que le nom de Nicot inspira aux savants celui de la nicotine...

*
* *

On faisait déjà grève sous les pharaons

La grève est loin d'être un phénomène récent... La preuve avec les premières traces connues de ce genre de contestation relevées par les historiens en 1155 av. J.-C., dans l'Égypte antique. À l'époque, Ramsès III règne sur les terres du Nil quand un mouvement de protestation touche le village de Deir el-Médineh, près de Thèbes (aujourd'hui Louxor), connu à l'époque sous le nom de Set Maât, la « place de la vérité ». Il s'agit d'un bourg spécial, un centre d'ouvriers spécialisés et d'artisans dédiés à la construction et à l'entretien des tombes de la vallée des Rois et des Reines, où sont inhumés les plus grands souverains de l'époque, avec un savoir-faire qui se transmet de génération en génération. Plutôt bien payés et choyés par le régime, ils dépendent directement du vizir de Haute et Basse-Égypte, l'un des plus hauts fonctionnaires du Nouvel Empire – l'équivalent du Premier ministre.

Mais les conditions vont finir par se dégrader suffisamment pour pousser ces travailleurs spécialisés à se mettre en grève vers la fin du règne de Ramsès III, si l'on en croit le récit contenu dans le « papyrus de la grève », conservé au musée de Turin et analysé notamment dans *Les Régulations sociales dans l'Antiquité*, de Michel Molin. Vers 1155 av. J.-C., les hommes excédés décident de cesser le travail, de quitter le village et de se rendre sur la rive gauche de Thèbes afin d'exiger le versement du salaire (orge et blé) qui leur était dû depuis une vingtaine de jours.

Selon le scribe du village Amennakhté, qui rapporte les faits dans des notes restées parcellaires, le mouvement va perdurer pendant trois mois, avec plusieurs arrêts de travail répétés, des négociations avec les autorités et le versement des salaires en nature de façon plus ou moins régulière pour tenter de calmer les esprits… Les ouvriers n'hésitent pas à crier et faire des sit-in devant les temples, comme celui de Thoutmosis III, celui de Meremptah ou celui du Ramesséum, dont les magasins servent d'entrepôts pour distribuer la nourriture sur la rive ouest de Thèbes. On les voit même manifester un soir, au crépuscule, avec des flambeaux, pour aller passer la nuit près d'un temple funéraire et exprimer ainsi leur colère. Et ce, malgré l'intervention des chefs d'équipe et des gendarmes qui tentent plusieurs fois de les raisonner.

« Si nous sommes arrivés à ce point, c'est à cause de la faim et de la soif, expliquent ces grévistes de l'Antiquité. Il n'y a plus de vêtements, ni d'onguent, ni de poissons, ni de légumes. Écrivez au Pharaon, notre bon seigneur, à ce propos, et écrivez au vizir, notre supérieur, pour que les provisions nous soient données. » Il semblerait que leurs revendications aient fini par être entendues, à la fois par le gouverneur de la ville de Thèbes et par le vizir en personne, ramenant définitivement le calme dans la région. Même si le mouvement n'a rien de politique, puisqu'il s'agit d'un moyen de pression pour demander un retour à une situation normale, il n'en constitue pas moins la plus ancienne grève connue de notre histoire...

*
*   *

Toutânkhamon : accident de char en état d'ébriété

Un mystère enfin levé ? Toutânkhamon aurait pu être victime d'un simple accident de la route causé par la boisson et la vitesse excessive... C'est en tout cas l'hypothèse avancée par l'égyptologue biomédicale Sofia Aziz, qui s'appuie sur les dernières découvertes concernant le décès du jeune pharaon. À savoir qu'il est sans doute mort d'une fracture ouverte du fémur gauche et qu'il y avait un nombre important de chars et d'amphores de vin dans sa tombe. « Les gens ne pensent pas au vin, a insisté la spécialiste sur la BBC. Dans leurs tombes, les anciens Égyptiens emportaient les choses qu'ils voulaient dans l'au-delà... »

Selon Sofia Aziz, la majorité des réserves du roi était constituée de vin blanc sec, ce qui suggère qu'il le préférait entre tous. Et il y avait également six chars déposés avec lui dans sa tombe. « Cette nouvelle approche prouve qu'il est un roi guerrier et qu'il est donc monté sur des chars. » Elle soutient que le jeune roi de 18 ans aurait très bien pu être victime d'un simple accident de la route en état d'ébriété, comme c'est encore le cas aujourd'hui pour de jeunes conducteurs. « Il était comme un adolescent typique, buvant et conduisant probablement le char trop vite. » Sa jambe aurait ainsi heurté le garde-corps du véhicule lors d'un choc brutal, provoquant la fracture décelée dans les rapports scientifiques et une plaie entraînant la gangrène, puis la mort…

Une théorie que certains ne manqueront pas de trouver loufoque, mais, après tout, l'Histoire est truffée de ce genre d'anecdotes… On a tout écrit sur la mort de Toutânkhamon, fauché à la fin de l'adolescence puis inhumé avec un trésor somptueux qui nous est parvenu intact : empoisonnement, paludisme, épilepsie, maladie des os, chute, morsure de serpent… On sait que le jeune pharaon n'a pas été tué de manière brutale ou assassiné par l'épée, car aucune plaie causée par un objet contondant n'apparaît sur la momie. Et l'hypothèse d'un accident n'est pas nouvelle : certains historiens ont déjà émis l'idée qu'il ait succombé à un choc violent, en s'appuyant sur l'absence de sternum sur la momie. Le jeune pharaon a ainsi pu être percuté par un char qui lui aurait enfoncé la cage thoracique. Ou bien touché mortellement par un cheval, ou encore chargé par un hippopotame lors d'une partie de chasse…

Mais des chercheurs ont rappelé que le sternum était pourtant bien visible, avec un grand pectoral, sur des photos prises en 1926, avant que la momie ne soit replacée dans son sarcophage. En revanche, le grand collier et les perles ont été volés par la suite, sans doute pendant la Seconde Guerre mondiale, et les pilleurs auraient tout découpé et arraché, bijoux, parures, côtes et sternum… Ce qui expliquerait la poitrine très endommagée de Toutânkhamon, un état qui n'aurait rien à voir avec un choc frontal.

En revanche, la plupart des chercheurs s'accordent pour affirmer que la mort de Toutânkhamon serait liée à cette fracture ouverte du fémur à hauteur du genou. Alors pourquoi pas un accident de char lancé à pleine vitesse ? Mais là encore, certains historiens émettent des doutes, en rappelant que l'adolescent souffrait sans doute d'un pied bot, et avait donc du mal à se tenir debout sans aide… C'est en tout cas les conclusions d'une autopsie virtuelle réalisée à partir des scanners 3D de la momie du royal défunt en 2014 – il aurait développé la maladie de Köhler, une ostéonécrose douloureuse au pied qui expliquerait la présence de nombreuses cannes et de nombreux bâtons retrouvés dans sa tombe.

Faux, répond aujourd'hui la spécialiste Sofia Aziz, qui estime qu'on peut aujourd'hui exclure ce handicap, soutenant que le processus de momification peut naturellement modifier un corps pour y faire apparaître des difformités. Selon elle, Toutânkhamon était bien plus actif qu'on ne le suppose. Un avis partagé par Sahar Saleem, professeur de radiologie et spécialiste des momies à l'université du Caire qui, après analyse approfondie des images scanner, n'a décelé aucune preuve d'arthrite de la cheville, qui est un effet à long terme de la marche sur le côté du pied. « Donc, mon opinion est que la présence de cette légère déformation (pied bot) n'a pas causé de perturbation significative de la marche du roi. C'était un adolescent actif », a-t-elle rappelé sur la BBC.

Un siècle après sa découverte, la plus célèbre momie du monde n'a donc pas encore livré tous ses secrets... Beaucoup de chercheurs s'accordent aujourd'hui pour dire que le pharaon est probablement mort d'une plaie surinfectée, en lien avec une baisse des défenses immunitaires causée par le paludisme. Quant à savoir ce qui a provoqué cette fameuse fracture, le mystère reste entier...

*
* *

On mangeait du porc à Jérusalem 700 ans av. J.-C.

C'est une petite révolution dans les pratiques rituelles, révélée par une équipe d'archéologues israéliens : lors de fouilles au cœur de Jérusalem, à quelques mètres du mont du Temple, le squelette complet d'un cochon remontant à 2 700 ans a été exhumé dans la cuisine d'un logement luxueux. L'étude complète, publiée en 2021 dans la revue spécialisée *Near Eastern Archaelogy*, prouve sans conteste que l'animal allait être dévoré sous peu par la famille, malgré la cacherout, le code alimentaire qui prescrit notamment l'interdiction pour les juifs de consommer du porc.

L'animal est mort avant de passer à la casserole, sans doute à cause d'un éboulement qui a emporté une partie de la pièce au VIIIe siècle avant notre ère. Selon les chercheurs, il ne s'agit pas d'un cochon sauvage, mais bien d'un porc domestique, comme le prouve le crâne de l'animal. Et la pièce où il se trouvait servait manifestement à préparer la cuisine pour une famille aisée du royaume de Juda : tout autour ont été retrouvés des récipients de cuisson, ainsi que des dizaines d'ossements de moutons, chèvres, gazelles, poissons et oiseaux... Selon l'état des fouilles, les locaux ont ensuite été reconstruits et utilisés jusqu'à environ 586 av. J.-C., lorsque les Babyloniens ont conquis Jérusalem et détruit le premier Temple.

« Compte tenu de l'endroit où nous avons trouvé le cochon, il n'y a aucune raison de croire qu'il était là pour un autre but que la consommation », a reconnu l'archéologue Joe Uziel, l'un des auteurs de l'étude. « Bien que la consommation de porc n'était clairement pas préférée dans la région de Juda, la présence d'un squelette articulé d'un petit cochon semble indiquer que non seulement le porc était consommé en petite quantité, mais que les porcs étaient élevés à cette fin dans la capitale de Juda », écrivent les chercheurs.

Reste à savoir pourquoi des juifs aisés ayant pignon sur rue bravaient ainsi l'injonction biblique qui interdisait de manger la chair d'un animal clairement considéré comme « impur ». Les auteurs rappellent que des os de porc ont été régulièrement découverts sur plusieurs sites, sans jamais dépasser 2 % des restes d'animaux mis au jour, plutôt près des côtes que dans les zones rurales – on les importait sans doute de Grèce. Selon le quotidien israélien *Haaretz,* qui revient sur cette découverte, les pratiques du judaïsme sous la période du premier Temple étaient très différentes de celles qui adviendront plus tard, notamment après l'exil babylonien, lorsque le second Temple sera construit et que les textes sacrés auront enfin trouvé leur forme définitive.

Le journal rappelle notamment qu'une étude récente montrait que des poissons sans écailles et sans nageoires, également interdits par les règles alimentaires issues de la Torah, étaient régulièrement consommés à Jérusalem et à Juda jusqu'à la fin du premier Temple, notamment des poissons-chats et des requins, pratique qui disparaît à la fin de la période du second Temple. « En d'autres termes, conclut le journal, les interdictions bibliques qui sont considérées aujourd'hui comme des panneaux indicateurs de la foi juive étaient inconnues, ignorées ou inexistantes à l'époque du premier Temple. Et il semble que, de temps en temps, les anciens Israélites n'étaient pas opposés à rapporter littéralement du bacon à la maison… »

*

* *

La vérité sur l'étoile des Rois mages

Un phénomène astrologique extraordinaire pourrait bien être à l'origine de l'adoration des mages, une scène que les catholiques célèbrent lors de l'Épiphanie. Des sages venus d'Orient viennent déposer leurs offrandes aux pieds de l'enfant Jésus : de l'encens – symbole de la divinité –, de l'or – image de la royauté – et de la myrrhe, cette résine aromatique qui servait notamment à l'embaumement des morts et qui prophétise le futur martyre du Christ.

Voici comment Matthieu relate les faits : « Jésus étant né à Bethléem de Judée, au temps du roi Hérode, voici que des mages venus d'Orient arrivèrent à Jérusalem et demandèrent : Où est le roi des Juifs qui vient de naître ? Nous avons vu son astre à l'Orient et nous sommes venus lui rendre hommage. Informé, le roi Hérode fut troublé et tout Jérusalem avec lui… »

Ces mages ne sont pas des rois – Matthieu est formel. L'Église a laissé se propager l'image de princes agenouillés dans la crèche pour bien signifier que le pouvoir temporel devait s'incliner face à l'autorité spirituelle. Il s'agirait en réalité de prêtres appartenant à une caste sacerdotale de Perse prêchant le mazdéisme, une religion ancienne fondée sur l'opposition entre le bien – la lumière – et le mal – les ténèbres.

Si ces sages venus de l'actuel Iran ont fait tout ce chemin, il faut imaginer que le phénomène astrologique a été suffisamment puissant pour marquer les esprits. De quelle nature pouvait-il être ? Les scientifiques en voient plusieurs possibles. D'abord une nova ou une supernova, l'explosion d'une étoile, visible à l'œil nu parfois pendant plusieurs mois. Mais si un tel phénomène a déjà été mentionné vers l'an mille, notamment par les astrologues chinois, rien de tel sous le règne d'Hérode.

Une étoile filante ? Trop éphémère pour attirer l'attention et mobiliser une telle caravane. Pourrait-il alors s'agir de la fameuse comète de Halley, que les prêtres auraient pu suivre et que Giotto a même peinte dans sa fameuse *Adoration des mages* ? « Là encore, ce n'est pas possible, explique l'astrophysicien Michel Marcelin, chercheur au CNRS. La comète est passée dans le ciel 66 ans avant la naissance supposée du Christ, soit bien trop tôt. Les dates ne concordent pas. En revanche, une conjonction particulière s'est produite dans le ciel sept ans avant la naissance supposée du Christ. Jupiter et Saturne se sont rapprochées trois fois de suite dans l'année, en juin, septembre et décembre, un ballet spectaculaire qui n'a pas pu passer inaperçu… » Une conjonction qui aurait très bien pu pousser des grands prêtres de Perse, férus d'astronomie, à se rendre en Palestine pour en avoir le cœur net.

« Les écrits de l'Ancien Testament, notamment le Livre de Daniel, font mention de la venue d'un grand roi sur ces terres, souligne l'astrologue et écrivain Denis Labouré. Depuis l'exil des Juifs à Babylone, les lettrés perses connaissaient parfaitement les traditions rapportées par ces textes. Le ballet des astres en l'an VII av. J.-C. aiguise leur curiosité : une longue tradition orientale rapporte que certaines conjonctions de Jupiter et Saturne annoncent la naissance d'un empire, d'un maître ou d'un prophète. Celle de l'an VII av. J.-C. s'est produite dans la constellation des Poissons, or toute constellation faisait référence à un morceau du monde connu. Et celle des Poissons indiquait, entre autres, la terre de Palestine… »

Quelques mois plus tard, un nouveau phénomène extraordinaire se produit plein ouest : le 20 février de l'an VI av. J.-C., la Lune et Mars rejoignent Jupiter et Saturne au soleil couchant. Ce paquet d'astres lumineux, teinté d'orangé avec la présence de Mars, devait être extraordinaire pour des astrologues arrivant de l'est. Serait-ce enfin la fameuse « étoile » qui guida les mages ? Tout semble cette fois concorder : en l'an VI av. J.-C, le roi Hérode est toujours en vie et les historiens situent la date de naissance du Christ entre l'an VIII et l'an IV avant notre ère – même l'Église reconnaît aujourd'hui une erreur de plusieurs années dans le calendrier officiel. Si le récit de l'évangéliste Matthieu n'est recoupé par aucun autre témoignage, il n'en demeure pas moins qu'un étrange phénomène céleste a bel et bien remué prêtres, princes et scientifiques à l'aube de l'ère chrétienne.

*
* *

Quand Néron organisait ses shows dans l'Empire

On connaît la figure sombre de Néron, le tyran sanguinaire, le despote capricieux… On sait moins que ce jeune homme qui régna d'une main de fer sur la Rome du Ier siècle nourrissait une véritable passion pour le spectacle et l'esthétisme, qu'il préféra de beaucoup à la politique. Le chant et la poésie vont ainsi agir comme de véritables exutoires dans une vie marquée par les complots et les trahisons – qui finiront, du reste, par l'emporter.

Dès son arrivée au pouvoir, à l'âge de 17 ans, Néron fait venir au palais le musicien Terpnus, le plus fameux citharède de l'époque, pour prendre des cours sur mesure. Il s'agit d'un instrumentiste exceptionnel, qui tient à la fois du chanteur d'opéra et de l'acteur-performeur. L'empereur a toujours souhaité devenir un grand interprète, il joue de la cithare, l'instrument d'Apollon auquel il se réfère constamment, mais il maîtrise également la flûte, la cornemuse et l'orgue, explique l'historienne Catherine Salles dans sa biographie consacrée à l'empereur. Le voilà qui se soumet à un entraînement intensif et un régime alimentaire strict, à base notamment de poireaux crus ou marinés dans l'huile, censés prévenir l'extinction de voix. Il purge aussi régulièrement son corps à l'aide de vomitifs et se couche en posant une feuille de plomb sur sa poitrine, afin de fortifier son timbre. Selon Catherine Salles, si le jeune empereur est bon musicien, il ne parviendra jamais à se défaire d'une voix « grêle et sans profondeur ».

Qu'importe, à partir de 64, le jeune César décide de se produire lui-même sur scène face au peuple – il réservait jusqu'alors ses prestations à ses familiers. Il s'agit pour lui de montrer l'exemple, de faire comprendre aux Romains que le mérite et l'honneur ne viennent pas seulement des charges et des armes, mais du talent artistique que l'on porte et que l'on doit cultiver – au grand dam des conservateurs, qui voient là une déviance ridicule et méprisable. La noblesse décontenancée voit ainsi son empereur jouer les baladins sur scène, interpréter des rôles, incarner des dieux et des déesses…

Et gare aux critiques, car les soldats épient et rappellent à l'ordre ceux qui applaudissent trop mollement !

Le public est contraint de rester jusqu'à la fin des spectacles, qui s'enchaînent pendant des heures, à tel point que certaines femmes accouchent dans les gradins et que des spectateurs feignent de mourir pour être évacués… Un jour, le futur empereur Vespasien est vivement apostrophé pour s'être assoupi, risquant la disgrâce.

En 66, lassé de son public romain qu'il juge obtus, Néron décide d'organiser une grande tournée triomphale en Grèce, la patrie des arts, en laissant son affranchi Helius gérer Rome. Une véritable « armée d'opérette » se met ainsi en marche, raconte l'historienne Catherine Salles : il y a là des domestiques, des comédiens, des costumiers, les affranchis de l'empereur, des généraux, des sénateurs, des chevaliers, sa femme Statilia Messalina, son mignon Sporus… Des chariots sont aménagés pour transporter des orgues hydrauliques, une brigade d'« Amazones », à tête rasée, accompagne le cortège, ainsi que les fameux supporteurs officiels du tyran, les Neroneioi – plus de 4 000 plébéiens à sa solde – ainsi que 500 Augustiani, des chevaliers payés 400 000 sesterces par an – deux fois plus que des gouverneurs – chargés d'applaudir et d'acclamer leur maître : « Gloire à César, notre Apollon, notre Auguste, notre dieu Pythien ! » scandent-ils dans les gradins, assurant la claque.

Les Grecs se frottent les mains : cet équipage extravagant fait marcher le commerce, d'autant que l'empereur se montre généreux en accordant des dons – un million de sesterces aux juges d'Olympie, par exemple. En plus de sa tournée artistique, il décide de participer aux grands jeux panhelléniques, dont les Jeux olympiques et les Jeux pythiques, qu'on concentre pour son bon plaisir, auxquels on ajoute des épreuves musicales... Évidemment, Néron gagne à tous les coups, pas question de l'humilier devant le public. On le voit même tricher, soudoyer ses adversaires, abattre les statues des anciens vainqueurs... Finalement, il ne remporte pas moins de 1 800 couronnes, un palmarès aussi historique que ridicule, mais qui flatte l'orgueil de celui qui règne sur le monde, à tel point qu'il décide soudain d'accorder la liberté à la Grèce, en lui octroyant notamment l'exemption fiscale.

À Rome, les esprits s'échauffent... On supporte de plus en plus mal cet empereur qui se donne en spectacle, les troubles se multiplient, l'affranchi Helius le supplie de revenir, au moment même où il souhaite continuer sa tournée en Égypte et en Asie. Quand Néron revient au printemps 68, il est déjà trop tard : la révolte gronde en Gaule, le soulèvement gagne l'Espagne, le peuple se détache, les garnisons de Rome finissent par lâcher le tyran qui se rêvait chanteur. Un an après son triomphe grec, il se suicide dans une cave, abandonné de tous, âgé de 30 ans. « Quel grand artiste meurt en moi » sera sa dernière tirade.

*
* *

Commode, l'empereur gladiateur

Immortalisé par Ridley Scott dans son film *Gladiator*, l'empereur Commode est bien descendu dans l'arène pour y livrer des combats truqués, une addiction qui entraînera d'ailleurs sa perte. Dès son enfance, Commode est pris en main par une armada de professeurs et de précepteurs recrutés dans tout l'empire pour lui apprendre les lettres, la rhétorique, la philosophie, etc. Mais le jeune héritier est surtout fasciné par le pugilat et la lutte, enseignés par d'anciens gladiateurs devenus entraîneurs. Du vivant de son père, il va totaliser 365 combats, qui s'apparentent plutôt à des exercices militaires avec des armes émoussées. Les affrontements ont lieu dans des arènes où prennent place Marc Aurèle et ses proches, ainsi que des légionnaires – Commode accompagne son père dans ses campagnes, notamment près du Danube.

Devenu empereur, il poursuit les combats, toujours en privé – il en cumulera plus de 700 sous son règne. Mais les simples exercices virils du début, appréciés des soldats, deviennent peu à peu des jeux cruels et malsains, donnés devant les courtisans du nouveau monarque, eunuques, affranchis, concubines et mignons… Les armes légères cèdent la place aux glaives acérés et Commode l'emporte toujours : pas question de voir l'empereur mordre la poussière… Vêtu de la panoplie du *secutor*, son armatura préférée, il combat des rétiaires inexpérimentés avec des armes émoussées, adversaires sur mesure qu'il n'hésite pas à mettre à mort dans ses propres amphithéâtres…

Le conflit latent avec le Sénat et les complots contre le trône altèrent fortement le caractère de Commode, qui cumule les névroses et s'enferme dans ses palais, entouré d'une cour débauchée. Lorsqu'un incendie dévaste Rome, en 192, la coupe est pleine, le peuple gronde… Pour calmer sa capitale et provoquer un électrochoc, Commode décide d'organiser en fin d'année des jeux au Colisée, durant lesquels il combattra lui-même dans l'arène. « Pour les Romains, c'est la stupéfaction, explique l'historien Éric Teyssier, auteur d'une biographie de l'empereur. En résonance, ce serait aujourd'hui l'équivalent de la finale de la Coupe du monde de football, mais avec en plus un côté hors norme, car le cas est unique. Pour la première fois, le plus grand personnage de l'empire rejoint les parias : il abandonne son aura sacrée pour devenir un homme public. »

Une fois de plus, le combat est truqué : ses adversaires ont des armes factices, et l'empereur lutte entouré du préfet du prétoire et de son chambellan, tous deux en armes – on ne sait jamais… Quand les gladiateurs demandent grâce, le jeu est complètement faussé : leur vie dépend de l'empereur, qui se trouve être en même temps leur adversaire. Malaise dans les gradins : les codes traditionnels, très respectés des Romains, se trouvent largement bafoués…

Pendant les quatorze jours que durent les jeux, Commode va aggraver son cas : il se fait accorder une prime d'un million de sesterces – quand les grands vainqueurs en touchent quinze mille –, puis fait mettre à mort un nombre impressionnant de gladiateurs professionnels – une boucherie. Pour finir, il décide d'incarner le héros Hercule en chassant des animaux sauvages, qu'il tire à l'arc comme des lapins depuis des tribunes surélevées : hippopotames, éléphants, girafes, une centaine de lions et d'ours…

Les cadavres et les trophées s'accumulent sur le sable du Colisée, mais ces massacres en règle finissent par lasser le public… « C'est comme si un torero descendait dans l'arène pour tirer à la kalachnikov, relève Éric Teyssier. La foule est très déçue : elle s'attendait à voir un héros, elle découvre un tricheur, assoiffé de sang. » Quelques jours plus tard, Commode est lâché par ses propres courtisans et finit étranglé par un lutteur dans son école de gladiateurs, qu'il ne quittait plus. La veille, il avait émis le projet de célébrer la nouvelle année en paradant sur la Voie sacrée vêtu en *secutor* et entouré de tous les combattants professionnels de Rome… Un ultime sacrilège qui aurait définitivement souillé la pourpre impériale.

*
* *

La Chandeleur remonte à la Rome antique

Avant les crêpes, il y avait les chandelles – d'où le nom de la fête –, et avant les chandelles, il y avait les flambeaux... Comme toujours, la religion chrétienne a greffé l'une de ses célébrations sur une vieille coutume païenne. En l'occurrence, il s'agirait des festivités liées au culte de Cérès, la déesse des moissons, qui ne fertilisait plus la terre pendant trois mois, c'est-à-dire ceux correspondant à l'hiver. À Rome, on célébrait en février le retour des jours plus cléments avec la *festa candelarum*, une fête populaire avec des processions de torches pour célébrer la fin de l'hiver, qui rappelait aussi Cérès recherchant à l'aide d'un flambeau sa fille perdue, enlevée par Pluton, le dieu des enfers. La lumière vient peu à peu vaincre les ténèbres et la mort : le mot « février » vient d'ailleurs de Februa, vieux dieu étrusque de la purification, un mois de transition entre l'hiver et l'arrivée du printemps...

C'est cette même période qui est choisie par l'Église pour célébrer la présentation de Jésus au Temple, une vieille tradition juive qui veut que l'on consacre les premiers-nés mâles à Dieu. On y associa aussi « les relevailles » de la Vierge Marie et sa purification, quarante jours après son accouchement à Noël. Les papes vont conserver les processions romaines, mais remplaceront les torches par des chandelles bénites : dès le VIIe siècle, une grande cérémonie s'organise du Forum à la basilique Sainte-Marie-Majeure, au cours de laquelle les fidèles se mettent en route dès l'aube en portant des cierges. Et les pèlerins sont si nombreux qu'on prend l'habitude de distribuer ce jour-là des galettes de froment…

La tradition est née, avec quelques variantes selon les coutumes et les pays : beignets, crêpes, pancakes, on a gardé l'habitude de célébrer le 2 février en sortant les poêles des placards. « En France, les paysans se rendaient à la messe du matin pour faire bénir leur[s] cierge[s], qu'ils ramenaient ensuite à la ferme, explique Jean-Louis Beaucarnot, auteur du livre *Comment vivaient nos ancêtres*. À l'époque, on était pétri de religion, les faits et gestes étaient nourris par la foi chrétienne. La chandelle agissait comme un talisman, elle était la lumière qui repoussait les ténèbres. On lui faisait faire le tour de l'étable avant de la faire entrer dans les pièces de la maison, de la porter près des membres de la famille, près de la cheminée, au-dessus des lits… Il fallait qu'elle reste allumée, c'était signe de prospérité : si elle s'éteignait, on risquait un malheur dans l'année. On la gardait précieusement dans un tiroir pour éventuellement la ressortir lors de circonstances dramatiques, comme la mort d'un proche ou pour conjurer un mauvais orage… »

Le soir, on déguste les fameuses crêpes, qui rappellent elles aussi la lumière à leur façon : elles sont rondes, chaudes, et leur couleur de miel fait penser au disque solaire qui fait mûrir les récoltes. Si on les fait sauter, c'est pour qu'elles rejoignent le ciel, là où se trouve justement l'astre rayonnant. La tradition veut qu'on les fasse cuire de la main droite, avec une pièce dans la main gauche pour attirer la prospérité. La pièce était ensuite placée dans la crêpe au fond d'une armoire où elle séchait tranquillement, ce qui présageait de bonnes récoltes à venir. Plusieurs variantes existaient, comme l'envoyer au-dessus de l'armoire pour la laisser là encore toute l'année et éloigner la disette. Un seul point commun : la laisser tomber est toujours signe de malédiction…

MOYEN ÂGE ET RENAISSANCE

*
* *

Quand l'Église surveillait la vie sexuelle des Français

Nos ancêtres devaient bien choisir leur jour pour copuler, sachant que le calendrier liturgique réglementait toute chose, travail et réjouissances, fornication comprise… Il existait ainsi toutes sortes de restrictions sévères que le clergé imposait à ses contemporains concernant leur vie intime, sachant que toute relation sexuelle, même conjugale, était soupçonnée d'impureté, qu'elle devait être « raisonnée » et viser uniquement la reproduction, pour engendrer de nouveaux chrétiens… D'où la surveillance étroite de l'Église sur les pratiques.

Sous le haut Moyen Âge, entre le VIe et le XIe siècle environ, les interdictions de faire l'amour sont nombreuses. Un couple doit rester chaste le dimanche, jour du Seigneur, mais également la veille de la messe, pour demeurer pur, ainsi que les mercredis et vendredis, considérés comme des jours de deuil. Il ne reste donc plus que trois jours par semaine disponibles, sachant que la continence s'impose également avant les grandes fêtes liturgiques de l'année et les carêmes qui précèdent

Noël, Pâques et la Pentecôte. Ce qui réduit d'autant les fenêtres de tir, si l'on ose dire…

À cela s'ajoutent les règles liées au cycle menstruel de la femme et à ses grossesses. Dans son ouvrage *Étonnant Moyen Âge*, Jean Verdon nous rappelle ainsi les pratiques édictées par l'Église, calquées sur le Lévitique, à savoir éviter tout rapport lors des règles, c'est-à-dire de trois à six jours par mois. Pendant la grossesse, on évite de toucher son épouse quatre ou cinq mois avant l'accouchement, période où l'on considère que le bébé aurait une âme, voire pendant les neuf mois de la grossesse. Mais la continence s'étend également après la naissance, en principe quarante jours, soit près d'un mois et demi supplémentaire. Le pape Grégoire le Grand alla même jusqu'à interdire toute relation pendant l'allaitement des enfants, ce qui aurait poussé les femmes à prendre des nourrices pour ne pas pécher – en tout cas pour les plus aisées d'entre elles.

Dans ces conditions, les jours autorisés se réduisent comme peau de chagrin… Que risquent les contrevenants pris en faute ou l'avouant sous confession ? Les punitions sont régulièrement les mêmes, à savoir une pénitence au pain et à l'eau, la durée variant selon la gravité du péché, parfois quarante jours à ce régime sec… Les clercs peuvent également exclure physiquement les impurs des cérémonies sacrées. On leur prédit les pires malédictions pour leur progéniture à venir : infirmités, tares, lèpre, etc. Si bien que toute malformation sur les nouveau-nés est souvent vue comme la manifestation de la colère de Dieu contre un péché de conception.

Les hommes mariés de l'époque ont sûrement rechigné à l'idée de se voir imposer un contrôle strict sur leur vie privée, même si ce calendrier intime devait aussi faire partie de la logique du quotidien, au même titre que les saisons qui rythmaient les travaux des champs... Ces temps de continence étaient d'autant plus difficilement acceptables que la masturbation – appelée « la mollesse » – était rigoureusement condamnée et vue comme l'une des impuretés les plus graves...

Mais à partir du XIIIe siècle, les mœurs évoluent, la continence n'est observée que pour Noël et quelques fêtes. « Pour beaucoup, les anciennes prescriptions se transforment en conseils de perfection, explique le médiéviste. À la fin du Moyen Âge, transgresser les interdits n'expose plus à des sanctions manifestes. Et ceux découlant de la physiologie féminine s'atténuent. Certes, le tabou des règles subsiste, mais les rapports au cours de la grossesse sont acceptés, sous réserve toutefois de ne pas nuire à l'enfant. »

C'est l'époque également où les bordels se multiplient comme des petits pains sur tout le royaume : le développement des villes, l'arrivée de célibataires et de nouvelles classes sociales, artisans, manœuvriers et bourgeois favorisent l'éclosion des maisons de plaisir, la plupart du temps avec l'encouragement des municipalités qui trouvent là un moyen d'apporter une certaine paix sociale au sein des cités. Le célibat des prêtres, qui s'impose peu à peu, n'est pas non plus étranger au succès de ces nouveaux établissements spécialisés : à Dijon, au XVe siècle, les ecclésiastiques représentent 20 % de la clientèle des étuves et des petits bordels privés...

*

* *

Guillaume le Conquérant : le fiasco de son sacre à Westminster

Quand Guillaume de Normandie a franchi le porche de l'abbatiale de Westminster le jour de Noël 1066, le vertige l'a sans doute saisi d'un seul coup : lui, le bâtard conquérant qui a dû d'abord batailler pour s'imposer sur le trône ducal de son géniteur, est parvenu à mettre à terre l'un des plus puissants royaumes chrétiens en seulement quelques mois… Une conquête menée avec autant de précision qu'il a réformé son propre duché, lui permettant de dégager suffisamment de richesses pour financer son armée d'invasion.

Tout est allé finalement très vite : profitant de troubles autour de la succession anglaise, le duc Guillaume, à qui l'ancien roi Édouard le Confesseur avait promis le trône, a forcé le destin en traversant la Manche en septembre 1066 avec une armée aguerrie – plus de 800 navires et 7000 hommes. Les troupes anglaises, occupées à repousser au nord une attaque des Norvégiens, accoururent au plus vite sur les lieux avec à leur tête le nouveau roi Harold, mais le Normand parvint en une journée à les mettre en déroute, tuant leur souverain sur le champ de la bataille d'Hastings le 14 octobre 1066. Mais il a fallu vaincre les résistances, mener une campagne d'intimidation, avec massacres et destructions, marcher vers Londres en soumettant le Sussex, le Kent, le Middlesex ou encore l'Hertfordshire, jusqu'à la reddition totale de l'armée anglaise et la prise de Londres. Il a fallu également ménager la reine Édith, veuve d'Édouard le Confesseur et sœur d'Harold, lui garantir son apanage pour qu'elle puisse continuer à vivre selon son rang.

Puis vint la question du sacre : fallait-il ceindre la couronne immédiatement ou finir de soumettre entièrement l'Angleterre ? Les barons normands et les chefs de guerre sont pour, il faut dire que Guillaume leur a promis terres et fiefs, autant prendre le pouvoir immédiatement… L'élite anglaise est également favorable à ramener la stabilité et mettre un terme rapidement aux tueries et aux exactions. Guillaume fait donc préparer son nouveau sceau et confie la cérémonie à Ealdred, l'archevêque d'York, préféré à celui de Cantorbéry, jugé peu fiable – il avait été soutenu par l'antipape Benoît X. Le jour dit, Guillaume se présente devant la toute neuve abbatiale de Westminster – le monastère de l'ouest –, un édifice roman construit par Édouard le Confesseur sur une île de la Tamise et consacré un an auparavant. Il faut s'imaginer cet homme grand pour l'époque (plus d'un mètre soixante-dix), quarante ans, bien charpenté, cheveux courts, regard autoritaire, arrivant devant le monastère entouré de tous ses vassaux et barons, alors que le pays n'est pas encore entièrement soumis…

La tension est palpable, une garde imposante à pied et à cheval encercle le sanctuaire pour prévenir tout débordement. Une foule anglaise et française se masse à l'intérieur, chacun retient son souffle, Ealdred et l'évêque de Coutances demandent en anglais et en français à l'assistance d'accepter le duc Guillaume pour roi d'Angleterre. Une double et immense clameur leur répond, longue et sonore. Dehors, c'est la panique : les gardes normands pensent que leur prince est attaqué. C'est sûr, une émeute a dû éclater dans l'abbatiale, la terreur court parmi les rangs, on sort les armes, on attaque le bourg le plus proche, on pousse les portes, on incendie les maisons, c'est le désordre le plus total. À l'intérieur de l'abbatiale, la foule tangue comme un radeau, l'odeur de l'incendie est perceptible, la peur se propage chez les Anglais, on s'interroge du regard avant de fuir en désordre, de peur de ramasser un mauvais coup, pendant que les gardes tentent de contenir les fuyards...

Au pied de l'autel, pendant qu'on chante les laudes et qu'on invoque la Vierge et les saints, le roi Guillaume, entouré des évêques et des clercs apeurés, tremble de tous ses membres, rapporte la chronique. La panique fait vite place à la rage de voir la plus grandiose cérémonie de sa vie irrémédiablement gâchée aux yeux du peuple comme devant ceux de Dieu. Il parvient à se ressaisir et prononce son serment face à l'autel, avant d'être oint et couronné par l'archevêque d'York avec un diadème qui aurait été spécialement créé pour l'occasion. On ne sait si le sacre a été écourté ou non au vu des circonstances et si toutes les *ordines* ont été respectées. Mais Guillaume Ier fut certainement ébranlé par ce désordre qui marqua le début de son règne sous les pires auspices. De fait, il régenta l'Angleterre et son duché pendant encore une bonne vingtaine d'années, mais dut batailler ferme contre révoltes et complots...

*
* *

Célestin V, le pape qui démissionne après cinq mois de règne

La démission de Benoît XVI n'est pas un cas unique dans l'Histoire. Au XIIIe siècle, un autre vieux pape, Célestin V, décida d'abandonner le trône de Saint-Pierre, autant par lassitude que par épuisement physique. Il s'appelait Pierre de Morrone et avait connu jusqu'alors les privations et la solitude inhérentes à la vie d'ermite. D'abord moine bénédictin, puis prêtre, ce fils de paysan italien décide de se retirer avec quelques fidèles dans le massif des Abruzzes, où il fonde sa congrégation. Il dirige plusieurs abbayes mais n'aime rien tant que prier dans la solitude. Chaque jour, il récite plus d'une centaine de psaumes et enchaîne pas moins de 500 génuflexions ! Il mène une vie d'ascète, refuse de manger de la viande ou des œufs, grignote des baies et des châtaignes, porte un cilice en crin de cheval, marche pieds nus tous les jours, sauf l'hiver où il utilise des semelles de bois... Sa grande piété attire bientôt les foules : il soigne les pauvres en faisant un signe de croix et en distribuant de simples crucifix en bois. Ce qui ne l'empêche pas de changer régulièrement de lieu pour éviter les attroupements qui gênent ses dévotions.

En juillet 1294, il a plus de 84 ans et il vit toujours dans une grotte quand les cardinaux se mettent d'accord sur son nom. Voilà deux ans que le conclave s'enlise dans des luttes intestines, tiraillé entre les intérêts des grandes familles et ceux des souverains étrangers. On pense que le vieux Pierre de Morrone fera bien l'affaire, sans gêner grand monde. Une délégation du Sacré Collège chargé d'élire le souverain pontife le ramène sur un pauvre âne pour coiffer la tiare prestigieuse, quasiment contre son gré. Le pieux ermite, qui parle à peine latin et dont les connaissances théologiques restent sommaires, se trouve vite incapable d'assumer un tel poste au milieu des intrigues de la curie. Simple marionnette aux mains des princes et des puissants, il préfère renoncer à sa charge au bout d'à peine cinq mois de règne.

Pour appuyer sa décision, le pape invoque des « causes légitimes » : sa profonde humilité, le désir d'une vie plus parfaite et l'impuissance de son corps et de son esprit à assurer plus longtemps le gouvernement de l'Église. Le 13 décembre 1294, il descend de son trône, pose sa tiare à terre devant les cardinaux rassemblés, qui élisent l'énergique Boniface VIII moins de dix jours plus tard. Cette renonciation du pape devant Dieu fait scandale à l'époque, non pas au sein de la curie, mais auprès du peuple et de certains princes – comme Philippe le Bel –, qui se méfient du nouveau souverain pontife, accusé pendant longtemps d'avoir manœuvré pour prendre la place.

Que devient l'ancien pape ? Il se retire dans la prière et souhaite quitter l'Italie, mais son successeur, méfiant, préfère garder un œil sur lui. Si bien que Pierre de Morrone se retrouve bientôt placé en résidence surveillée dans le château de Fumone, où il vit son enfermement comme une grâce : « Je n'ai jamais eu de cellule où l'on pût aussi bien prier. » La mort l'emporte quelques mois plus tard, à l'âge de 86 ans. Mais son prestige moral, son abnégation et sa vie de piété marquent tant les esprits que l'Église décide de le canoniser très rapidement, en lui attribuant pas moins de quatorze miracles. Sa dépouille est ensuite transférée au sein de la basilique Notre-Dame de Collemaggio, à L'Aquila, celle-là même où il fut couronné autrefois.

En 2009, un certain Benoît XVI se rend dans la basilique lors d'une visite dans les Abruzzes, victimes d'un violent tremblement de terre, et vient à son tour se recueillir devant les reliques de son illustre prédécesseur. Il dépose alors le pallium de son sacre, cette bande d'étoffe sacrée symbolisant sa charge, sur la châsse de verre de l'ancien ermite. Savait-il déjà qu'il marcherait sur ses pas, en renonçant lui aussi à sa charge quatre ans plus tard ?

*
* *

Quand les Anglais parlaient français

À l'heure du Brexit, certaines vérités sont bonnes à rappeler : la perfide Albion, si jalouse de sa singularité, doit beaucoup à la culture française, à commencer par sa langue... Malgré les alertes régulières sur l'invasion de notre langue par l'anglais, on constate que les Britanniques ont digéré un nombre incalculable de mots français, puisque près de la moitié de leur vocabulaire est d'origine française – certains spécialistes allant même jusqu'aux deux tiers.

Un apport qui est venu dans le sillage de Guillaume le Conquérant, lequel a apporté son lexique d'ancien français. C'est ainsi que des mots issus de la langue italique romane vont rapidement s'imposer dans l'anglais, jusqu'alors largement façonné par la langue germanique mâtinée d'un substrat celtique commun aux deux langues. En écrasant le roi anglo-saxon Harold, en 1066, le duc normand Guillaume coiffe la couronne à Westminster et impose ses ministres, sa cour, ses codes et sa langue à tout le royaume.

« Pour être un Anglais considéré, il fallait donc commencer par s'exprimer en français, d'où le fréquent bilinguisme des classes aisées de souche anglaise, se confirmant et se renforçant par ailleurs par des mariages unissant familles anglaises et noblesse normande, explique l'historien Jean Pruvost, auteur d'une *Story de la langue française*. Une récente étude montre que 45 % de la population du centre et du sud-est de l'Angleterre aurait dans son ADN des ascendants français... »

Un métissage politique et culturel qui a laissé de nombreuses traces dans le vocabulaire, à commencer par celui de l'administration : *prince, sir, duke, baron, minister, master, court, justice, prison, procedure* sont autant de mots qui font aujourd'hui partie de la langue anglaise. La plupart ont évolué à partir d'une prononciation différente, comme *beef, pork, mutton,* ou encore *to pay,* qui vient de payer, *proud,* issu de preux en français, *robber* (le voleur) évoque l'ancien mot rober, voler, *the crown* est la déformation de couronne, *chair* pour chaise, *flower* pour fleur, *tower* pour tour, *juggler* pour jongleur, etc.

Plus compliqué à déceler : le très courant adverbe *very* rappelle l'ancien français veray (qui signifiait vrai avant d'évoluer vers vraiment), *the aunt* renvoie à la tante, *to catch,* attraper, fait écho au normand cachier, capturer un animal, ainsi que de l'ancien français chacier, chasser, citons aussi le fameux *toast* du sacro-saint petit-déjeuner britannique, déformation du mot toster, qui signifiait griller, rôtir. À cela s'ajoutent nombre de « faux amis », cauchemar des écoliers, la conséquence d'une évolution de la langue sur plusieurs siècles...

L'auteur va plus loin en affirmant que l'anglais serait ainsi « le musée de l'ancien français » à travers des mots qui sonnent très *british,* mais qui sont les ancêtres d'un vieux vocable français. Ainsi, le *petticoat* (jupon) ne serait que le rappel de « la petite cotte », se situant sous la cotte de mailles des chevaliers, avant de devenir un vêtement féminin. De même pour la couverture, *blanket* en anglais, qui fait écho à l'ancienne blanquette, une courtepointe de couleur blanche. Pareil pour le verbe *to summon*, qui rappelle la semonce lorsque le prince convoquait ses vassaux, et encore *to bargain*, marchander, qui provient de l'ancien français bargaigner, devenu barguigner, pour signifier une hésitation lors d'un marchandage…

Prenons l'exemple du mot budget, qui s'est imposé partout. Il s'agit au départ du mot gaulois *bulga*, devenu bougette, un sac où l'on met notamment son argent. Il passe en Angleterre, s'enracine sous le terme *budget*, à tel point qu'au XVIIIe siècle, lorsque le Parlement anglais vote ses finances, il utilise l'expression « *to open the budget* », il ouvre ledit sac, un terme qu'on récupère à notre tour en France à la même époque…

Cet apport durera plusieurs siècles, notamment à travers les multiples mariages princiers entre les royaumes d'Angleterre et de France, et ce, jusqu'au XVe siècle, quand Henri V, victorieux pendant la guerre de Cent Ans, imposera la devise de la monarchie britannique en français, « Dieu et mon droit » – toujours présente sur les armoiries royales. On est alors au sommet de la domination anglaise, l'armée française s'est fait décapiter à Azincourt, le souverain britannique épouse la fille du roi fou Charles VI et devient régent du royaume de France, les deux cultures n'ont jamais été aussi mêlées… On connaît la suite : l'intervention décisive de Jeanne d'Arc dans la résistance à l'Anglais et l'avènement de Charles VII.

Désormais, les deux langues vont suivre un destin différent : l'anglais s'émancipe définitivement du français et revient à la langue saxonne. « Imaginons un instant que l'Angleterre soit restée francophone et que les États-Unis, installés dans son sillage, [se] soient également dotés de la langue française, extrapole l'historien Jean Pruvost. Le paysage linguistique du monde en eût été profondément modifié... »

*

* *

Jeanne d'Arc, le vrai du faux

On connaît le destin de Jeanne d'Arc, cette jeune femme qui chassa en partie les Anglais hors de France et qui permit à Charles VII, souverain contesté d'un royaume divisé, de se faire sacrer à Reims en 1429. Abandonnée par le roi, oubliée un temps par l'Histoire, Jeanne d'Arc renaît de ses cendres au XIXe siècle grâce à la publication de son procès, au renouveau de l'historiographie et surtout à la plume de Jules Michelet, qui fait d'elle le ciment de l'unité française dans le roman national. Dès lors, Jeanne devient un mythe, elle fait vendre, on multiplie les récits imaginaires autour d'une vie qui passionne la France moderne. Avec tous les excès que cela suppose... Pour tenter de mieux connaître cette jeune héroïne, voici quelques idées reçues à l'épreuve des faits historiques.

Une pauvre bergère ? Rien de plus faux : Jeanne est issue de la paysannerie aisée, son père est laboureur, il a été doyen du village (maire), il possède des terres, une charrue, des animaux, une maison en pierre de quatre pièces et Jeanne dispose de son propre lit, une exception pour l'époque. Il lui est peut-être arrivé de garder le troupeau du village, mais avant ses 7 ans et avec les enfants du bourg, comme le voulait la coutume.

On a également souvent remis en cause la virginité de Jeanne, la dernière histoire en date étant un viol subi dans sa jeunesse par des soldats ennemis, qui lui auraient donné la haine des Anglais – une hypothèse reprise dans le film de Luc Besson. Mais la virginité de Jeanne est attestée par deux fois, d'abord lors de sa visite au roi Charles VII en 1429, puis pendant son procès à Rouen. Dès 13 ans, elle fait vœu de garder sa virginité tant qu'elle n'a pas réussi à chasser les Anglais de France. Elle refusera ainsi d'épouser un jeune homme présenté par ses parents.

La légende affirme qu'elle serait rien de moins qu'une bâtarde royale, en avançant que si le roi lui confie une armée, c'est que tous deux ont un secret commun : Jeanne serait en réalité sa demi-sœur, la fille cachée de la reine de France, Isabeau de Bavière, et de son supposé amant, le duc d'Orléans, frère du roi Charles VI. Elle aurait ainsi été préparée et entraînée par les proches du monarque pour rallier les populations et lancer la reconquête... Pour les historiens, il s'agit d'une fable inventée au début du XIXe siècle par le sous-préfet Caze, féru de littérature, et reprise régulièrement, en contradiction totale avec les faits connus.

A-t-elle été vraiment capturée par les Anglais ? La jeune héroïne ne tombe pas tout de suite entre leurs mains, mais dans celles de leurs alliés : elle est faite prisonnière en 1430 devant Compiègne par un écuyer bourguignon, le bâtard de Vandomne, qui la remet à son chef, le comte de Ligny, avant qu'elle soit vendue au roi d'Angleterre pour 10 000 livres. Elle ne sera pas non plus condamnée par des Anglais, mais bien par des Français : sur la centaine d'experts et de juristes qui travaillent sur le procès, seuls sept sont anglais, la plupart sont normands ou parisiens. Et le tribunal est dirigé par l'évêque Pierre Cauchon, un Français qui a pris le parti des Bourguignons et des Anglais.

Une autre rumeur a longtemps été propagée : Jeanne aurait été subtilisée juste avant le bûcher, elle n'aurait pas été brûlée à Rouen en 1431, une autre aurait pris sa place – impossible, au vu des témoins qui ne l'ont pas quittée des yeux. Ou mieux encore : elle est ressuscitée ! Donc, Jeanne peut réapparaître : ce sera le cas de Claude des Armoises, qui se fait passer pour la Pucelle dans le premier quart du XVe siècle, montant à cheval et portant les armes, reçue avec les honneurs par la ville d'Orléans en 1439, puis par le roi lui-même, qui découvre la supercherie, mettant un terme à sa carrière… Mais d'autres Jeanne apparaîtront régulièrement, dont une qui finira tenancière de bordel !

La légende de Jeanne d'Arc alimentera également un vrai engouement pour des reliques pas toujours sacrées… Elles surgissent régulièrement : des armes, un casque, une épée… Il s'agit souvent d'objets fantaisistes, fabriqués au XIXe siècle, quand l'histoire de Jeanne a été popularisée. Dernièrement, on a découvert qu'un bocal censé conserver les restes de la combattante contenait en réalité des morceaux d'une momie égyptienne embaumée entre le VIIe et le IIIe siècle av. J.-C. Il n'existe aucune relique attestée à ce jour : Jeanne a été brûlée vive, ses cendres et ses restes furent jetés dans la Seine par le bourreau. Et les Anglais ont pris soin de faire place nette.

Depuis 2016, le parc du Puy-du-Fou dit avoir acquis l'un des anneaux de Jeanne d'Arc, sans doute celui offert par son père, puis récupéré ensuite par ses ennemis, lors de sa captivité. Un bijou datant du XVe siècle, avec l'inscription « Jésus

Maria », qui lui servait d'anneau protecteur, comme celui cité dans son procès. S'agit-il du bon ? Les spécialistes français demeurent très prudents sur la question tant que la traçabilité de l'anneau présumé ne sera pas clairement établie du XVe jusqu'au XXe siècle, puisqu'il est passé de main en main, ce qui suppose une longue enquête et un travail sur les archives... sans savoir si on connaîtra finalement la réponse.

Enfin, il faut savoir que Jeanne d'Arc n'est pas vénérée depuis si longtemps en France – excepté à Orléans. En réalité, sa sainteté est récente, elle date du début du XXe siècle. La démarche fut enclenchée en 1874 par l'évêque d'Orléans, Mgr Dupanloup, tandis que Jeanne d'Arc était déjà entrée au panthéon des grandes figures de la nation. En 1909, sa béatification est l'occasion pour l'Église de rappeler que le destin de la France est uni à celui de l'Église – on sort des batailles autour de la laïcité. Le pape Pie X embrasse longuement le drapeau français lors des cérémonies. Jeanne d'Arc est ensuite sanctifiée en 1920, soit près de cinq cents ans après sa mort. L'Histoire sait se montrer patiente...

*
* *

Léonard de Vinci était sans doute le fils d'une esclave

Un mystère de plus levé sur Léonard de Vinci... Le génial artiste italien ne serait pas le fruit d'une passade entre le notaire Pierre de Vinci et une certaine Caterina, jeune paysanne toscane, comme on le croyait jusqu'ici, mais sa mère devait être une esclave circassienne. C'est la découverte révélée par Carlo Vecce, l'un des plus grands spécialistes italiens du peintre de la Renaissance, qui a publié un nouvel ouvrage sur cette filiation, *Il sorriso di Caterina, la madre di Leonardo*.

Le plus curieux dans l'histoire, c'est que le chercheur est tombé sur des preuves alors même qu'il souhaitait mettre un terme à cette hypothèse qui courait sur les origines troubles et mystérieuses du jeune Léonard de Vinci. « Je n'ai jamais accordé trop de crédit à l'histoire selon laquelle la mère de Léonard était une esclave vivant à Florence dans la splendeur de la Renaissance, a expliqué Vecce dans une interview. Je voulais prouver que ce n'était pas possible, et finalement, j'ai dû changer d'avis... »

Ce professeur à l'université de Naples a notamment découvert un document crucial dans les archives de Florence, qui certifie la libération d'une esclave de la ville appartenant à l'épouse de Donato di Filippo, un riche commerçant spécialisé dans le luxe dont le notaire est justement Pierre de Vinci, le père de Léonard. C'est lui qui écrit l'acte d'émancipation concernant « la fille d'un certain Jacob, originaire des montagnes du Caucase », prénommée Caterina. Le document date du 2 novembre 1452, soit six mois après la naissance de Léonard, le 15 avril. La date est barrée plusieurs fois, des traits de plume sont visibles, comme si le notaire tremblait alors qu'il supervisait la libération de la femme qui lui avait donné un garçon...

Donato di Filippo habitait près de l'église florentine de San Michele Visdomini et avait fait fortune dans le commerce des brocarts, pour lequel on utilisait des esclaves circassiens – la pratique était encore courante à Venise et à Florence au XVe siècle, selon des travaux d'historiens. La mère de Léonard avait été enlevée, vendue et revendue plusieurs fois à Constantinople, puis à Venise, avant d'arriver enfin à Florence vers 15 ans, pour être utilisée comme bonne, et sûrement comme esclave sexuelle. Elle aurait alors croisé la route du jeune notaire de la famille florentine. Avant de vivre sa propre vie une fois émancipée, mais jamais loin de son fils Léonard qui l'aurait bien connue.

L'histoire n'est pas terminée pour autant. Lorsque le commerçant Donato di Filippo meurt, rapporte le professeur Carlo Vecce, il fait don de sa fortune au monastère de Santa Maria di Monte Oliveto, pour lequel Léonard peindra plus tard *L'Annonciation*, aujourd'hui au musée des Offices. Coïncidence ? Aurait-il réalisé ce tableau en mémoire de sa mère, qui avait travaillé au service du clan de Donato ? Au fond du paysage, on découvre notamment une montagne, qui pourrait rappeler le double pic d'Elbrouz, le plus haut sommet de la chaîne du Caucase. Et on distingue nettement un port oriental, comme ceux que Caterina a dû connaître pendant ses périples sous le joug de l'esclavage, quand des navires de trafiquants partaient pour l'Italie...

Sa mère a-t-elle nourri l'imaginaire du jeune Léonard avec ses souvenirs et ses racines lointaines ? Pour Carlo Vecce, c'est une certitude. « Elle lui a inculqué l'esprit de liberté absolue que l'on retrouve dans sa recherche scientifique et intellectuelle, qui ne s'arrête pas devant les préjugés ou les principes d'autorité... »

*

* *

Henri III, le roi qui se parfumait trop

Les parfums ont-ils fini par avoir la peau d'Henri III ? Monté sur le trône en pleine guerre de Religion, dans le dernier quart du XVIe siècle, le fils de Catherine de Médicis surprend rapidement ses contemporains par ses goûts et son style. Il s'entoure d'une garde rapprochée de jeunes favoris vite baptisés « mignons », impose des règles strictes de protocole au sein du palais et tente de magnifier la fonction royale en l'entourant d'un luxe inouï, dans lequel la mode et les fragrances rares et précieuses jouent un rôle essentiel. « Le Louvre ressemblait à un palais oriental au sol jonché de fleurs et aux tentures inondées de senteurs les plus diverses répandues à l'aide d'un arrosoir d'appartement », détaille Élisabeth de Feydeau, autrice d'un *Dictionnaire amoureux des parfums*. La cour d'Henri III fleurait le muguet, ses mignons s'inondaient de ce parfum. Ce roi était d'une élégance extrême, n'hésitant pas à s'afficher avec ses mignons d'Épernon et Joyeuse, qui font une consommation excessive de ces parfums, au point que l'on désigne par le mot muguets ces jeunes gens propres et parfumés… »

La mode des bains de lait s'impose, les hommes se font épiler et oindre d'essences, Henri III allait même jusqu'à laver ses perroquets dans des bains odoriférants ! Le roi, qui apprécie l'odeur de violette, porte lui-même deux paires de gants l'une sur l'autre, dont une parfumée et doublée de satin. La nuit, il enfile des gants cosmétiques imbibés de crème nourrissante pour protéger ses mains… Ses appartements sont décorés de délicats « oiselets de Chypre », des oiseaux en pâte d'encens placés dans des cages dorées, qui jouent le rôle de nos bougies parfumées d'aujourd'hui.

Un raffinement qui lui vient directement de sa mère, la Florentine Catherine de Médicis, habituée depuis son plus jeune âge à utiliser les effluves élaborés dans l'officine Santa Maria Novella, tenue par des moines à Florence. Quand elle arrive en France, elle impose la mode des parfums, lesquels restaient jusqu'alors très rudimentaires : la cour prend l'habitude des petits flacons à odeurs, que l'on glisse dans les poches de vêtements, des gants de luxe parfumés, mais aussi des pomanders, ces boules aromatisées, entre le bijou et le parfum, que l'on porte à la ceinture, en collier et même au doigt. « Ces fragrances ont d'abord un rôle prophylactique, rappelle Élisabeth de Feydeau. En s'infiltrant par les pores de la peau, les effluves sont censés guérir et protéger. On en porte pour se prémunir des maladies ou des épidémies. » Sans oublier l'absence d'hygiène corporelle qu'il faut camoufler, surtout dans des lieux prestigieux comme la cour de France…

Mais bientôt les critiques fusent : la France est minée par les guerres religieuses, l'argent manque pendant que le souverain et ses semblables dépensent des fortunes dans le luxe, la mode, et des parfums précieux et inaccessibles au commun des mortels… Dans un royaume affaibli par les factions, les goûts et le style d'Henri III deviennent la cible favorite des protestants comme des catholiques de la Sainte

Ligue qui veulent saper le pouvoir royal : les pamphlets raillent un souverain extravagant, au train de vie dispendieux, jugé trop délicat et efféminé, une « putain fardée » aux mœurs décidément trop italiennes… et donc haïssables.

La calomnie s'appuie également sur la réputation ambiguë des parfums, souvent associés au poison. On se méfie des bagues aux senteurs capiteuses ou de ces gants odorants qui peuvent masquer de redoutables drogues toxiques. On regardait avec suspicion René le Florentin, fidèle de la reine Catherine, accusé de confectionner à merveille philtres, sachets et gants empoisonnés.

À la fin du règne d'Henri III, assassiné en 1589, les parfums sentent plus que jamais le soufre… « Henri IV, son successeur, marque de ce fait une rupture, explique Élisabeth de Feydeau. Il faut dire qu'il n'était pas un homme de cour, plutôt du genre cul-terreux, rustique et paillard, traînant avec lui une forte odeur de bouc et de charogne, selon la chronique. » En revanche, son épouse Marie, une Médicis elle aussi, aura vite recours à moult senteurs pour tenter de supporter les émanations de Sa Majesté…

*

* *

Les Bretons, ces mal-aimés de la France

Il n'était pas bien vu d'être un Breton en France, sous l'Ancien Régime comme sous la jeune République… Rattaché au royaume depuis François Ier, le grand-duché a longtemps traîné l'image d'un pays arriéré, lointain, inhospitalier et barbare… Une mauvaise image qui remonte loin. Depuis le Moyen Âge, il est de coutume d'opposer la Bretagne, indépendante et sauvage, au royaume de France, pays fertile et érudit, paré de toutes les vertus. Dès le XVe siècle, avant même la Renaissance, des farces données à Paris représentent les Bretons tout juste bons à balayer les rues et à nettoyer les fosses d'aisances, sans pouvoir aligner trois mots de français… Sans compter que, pour beaucoup, leur nom rime avec larron.

Deux siècles plus tard, malgré le rattachement à la France, leur réputation est toujours aussi médiocre. Les jésuites en mission considèrent la région quasiment comme une terre indigène, dont le collège de Quimper devient le symbole de l'évangélisation locale. Certains missionnaires évoquent « la misère du peuple breton que rien ne distinguait des barbares, hormis ses églises et sa liturgie », rapporte l'historien Joël Cornette dans *Une brève histoire de l'identité bretonne*.

Pour un Parisien, se rendre en Bretagne, c'est aller aux Indes, ou presque… Quand le roi Louis XIII y relègue son confesseur Nicolas Caussin, devenu trop critique, ses proches comparent son exil à un séjour « chez les Hurons et les Iroquois », un pays peuplé de « demi-sauvages ». Même constat et mêmes lamentations dans le rapport envoyé par un général des finances à Colbert, ministre de Louis XIV, en 1663 : des terres barbares partout, excepté les deux évêchés de Vannes et de Saint-Brieuc. « Presque tout le monde est rude, grossier, ignorant, brutal, est-il expliqué. Les mêmes raisons qui conservèrent leur valeur aux Gaulois de César entretiennent la rudesse, la fainéantise et l'ivrognerie chez les Bretons. » N'en jetez plus !

La Révolution ne change guère la donne, au contraire. Même si nombre de députés bretons participent activement au changement de régime – ils vont notamment fonder le futur club des Jacobins –, le pays sera vite perçu par Paris comme une terre hostile et bien trop catholique, peuplée de paysans obscurantistes. La faute à la réforme de l'Église et à la levée en masse, qui va électriser les campagnes contre la capitale, donnant de la Bretagne l'image d'un pays de chouans, arriéré et contre-révolutionnaire, alors que le mouvement touche essentiellement le sud et l'est de la province. Le calme reviendra uniquement sous le règne de Bonaparte.

La Bretagne entre donc dans le XIXe siècle en traînant toujours ces clichés : terre retardée aux mœurs archaïques, « elle fait figure de musée vivant, conservatoire d'objets, de coutumes, de vêtements, de meubles, de croyances, de légendes », écrit l'historien Joël Cornette. Gauguin vient y trouver l'inspiration, Flaubert la raille dans son *Dictionnaire des idées reçues* : « Bretons : tous braves gens, mais entêtés », écrit le romancier, qui décrit des groupes de mendiants toujours à vos basques dès que vous arrivez dans un lieu... L'illettrisme règne en maître, l'Armorique est la région française la plus déscolarisée dans la première moitié du XIXe siècle. La pauvreté pousse les habitants à rejoindre les villes, notamment Paris, pour trouver un salaire. C'est la grande migration des jeunes filles comme bonnes à tout faire, caricaturées sous les traits de la fameuse Bécassine, qui n'a même pas de bouche...

Et pourtant, il existe une autre Bretagne, souligne Joël Cornette, qui rappelle que les cités maritimes ont fait preuve d'une remarquable vigueur dès le XVIe siècle, avec plusieurs centaines de petits navires qui assurent la pêche et le commerce avec l'Angleterre ou la Flandre à partir de Penmarc'h, Morlaix ou Quimperlé… Très vite, Saint-Malo lance ses navires au grand large pour la pêche à la morue, pousse jusqu'aux rivages américains et indiens, s'enrichit avec l'activité des corsaires, Brest profite de sa base navale et de son arsenal et Lorient se développe avec l'implantation de la Compagnie des Indes…

Au XIXe siècle, les premières grandes industries se développent, notamment à Nantes, et les usines de conserve viennent dynamiser toute la côte sud, de Pornic à Douarnenez. « En 1880, les conserveries bretonnes étaient à leur apogée et la France possédait le quasi-monopole mondial de l'exportation de la sardine à l'huile, explique l'historien. Alors, foin des stéréotypes ! » Il faudra cependant attendre le XXe siècle et les années 1950 pour voir la Bretagne s'imposer comme une région dynamique. Portée par une vraie révolution industrielle dans les villes, accompagnée d'une impressionnante transformation des campagnes, l'Armorique devient alors une grande puissance agricole.

Sa particularité politique apparaît dès les années 1970, quand ces terres réputées passéistes et traditionnelles votent peu à peu à gauche. Comme le signe d'une profonde métamorphose… Au même moment, la fierté bretonne reprend des couleurs et devient à la mode : festivals, musique celtique, langue, littérature. On redécouvre l'identité séculaire que l'on porte en étendard. Bécassine tient enfin sa revanche sur l'arrogante Paris.

L'APOGÉE DES BOURBONS

*
* *

Quand Paris étouffait sous la fange

Si vous ne supportez pas la saleté des rues parisiennes, dites-vous que les artères d'aujourd'hui feraient pâlir d'envie nos ancêtres, habitués depuis toujours à vivre quotidiennement parmi les déjections diverses et variées, exhalant des odeurs plus épouvantables les unes que les autres… Il faut dire qu'au début du XVIIe siècle, la ville a gardé ses bonnes vieilles habitudes issues du Moyen Âge : les artisans règnent en maîtres sur le pavé parisien, et, comme dans toutes les villes de France, exercent leur métier sans égard pour les passants et les habitants. Les boutiques des bouchers, tripiers et poissonniers foisonnent et empestent, le pire étant les ateliers des tanneurs, des gantiers et des foulons, qui utilisent des substances toxiques, l'alun, le tartre, la soude, sans oublier l'urine, y compris humaine, la fiente de poule, les excréments de chien, qui accélèrent la fermentation et la putréfaction des fibres, rappelle ainsi l'historien Robert Muchembled dans son passionnant ouvrage *La Civilisation des odeurs*. Et que dire des producteurs de chandelles, très gourmandes de suif de porc, « connu pour son horrible pestilence ».

Les édiles ne cessent d'éloigner ces gêneurs, on les repousse du centre-ville, ils s'agglutinent près des rivières comme la Bièvre, aujourd'hui enterrée, qui devient une véritable décharge sombre et puante avant de se vider dans la Seine. Dans la plupart des quartiers, l'hygiène reste déplorable : on creuse des fosses d'aisances dans les jardins, au risque de polluer les puits – les cabinets privatifs sont très rares –, on se soulage souvent au bord des ruelles ou de la Seine, et les excréments finissent au milieu des rues, jetés par les habitants directement de leurs fenêtres depuis les derniers étages. En entendant « Gare, l'eau ! », mieux valait se coller au mur afin d'éviter les éclaboussures fécales... Pour tenter de remédier au problème, le lieutenant de police Sartine fera installer des « barils d'aisances » aux carrefours dès 1771, ce qui donne une idée des odeurs qui devaient chatouiller les narines...

Dans une ville comme Paris, qui dépasse le demi-million d'habitants à la fin du XVIIe siècle, les problèmes sanitaires prennent des proportions dantesques. « Paris pue à la mesure de son gigantisme », résume Robert Muchembled en pointant l'insuffisance du réseau d'égouts et surtout son mauvais entretien. La ville est un cloaque à ciel ouvert, à tel point que les plus riches se font construire des résidences ou hôtels particuliers dans les faubourgs, où l'air reste moins vicié... Au cœur de la capitale, les habitants gardent longtemps l'habitude de laisser leurs ordures et boues malodorantes aux coins des rues, pour le plus grand bonheur des chiffonniers « crocheteurs », qui raflent tout ce qui a de la valeur – même les cadavres de chiens et de chats, revendus dans la foulée. Puis circulent les tombereaux à ordures qui déversent leur collecte – plus de 25 000 mètres cubes par an – principalement dans trois endroits réservés : le faubourg Saint-Germain, celui de Saint-Marceau et enfin à Montfaucon, une décharge épouvantable qui s'étend sous les Buttes-Chaumont, « dix hectares de bassins où fermentaient la quintessence de l'excrémentiel et son chantier d'équarrissage rempli de charognes en putréfaction ».

Le tableau ne serait pas complet sans l'évocation de tout un commerce parallèle autour de la merde parisienne. Au XVIIe siècle, la médecine utilise encore les excréments de chien contre l'angine et ceux de l'homme pour ses propriétés suppuratives... L'urine est partout, employée dans de multiples recettes médicinales ou secrets de beauté, pour blanchir la peau ou estomper les rides de ces dames. Madame de Sévigné l'utilise contre les rhumatismes et en buvait même quelques gouttes en cas de vapeurs. Les moins délicats passent à la vitesse supérieure en se purgeant au printemps et à l'automne avec deux ou trois verres d'urine de vache...

Tout se transforme, tout se recycle, à l'image de ces cultivateurs de la Villette pris la main dans la fange – si l'on peut dire – qui nourrissaient leurs porcs avec des excréments humains revendus par des vidangeurs peu scrupuleux... Mais une grande partie des déjections se retrouvent surtout réutilisées dans les cultures maraîchères qui entourent la capitale, en guise d'engrais pour les fruits et légumes. Enfin, comme pour démontrer une bonne fois pour toutes que l'argent n'a pas d'odeur, retenons les petits trafics juteux du duc d'Orléans, qui aménagea douze cabinets d'aisances dans ses jardins du Palais-Royal : un véritable business qui lui rapportait jusqu'à 12 000 livres de rentes – soit plus de 120 000 euros – à la fin du XVIIIe siècle !

*
* *

Mazarin, le plus vénal de nos ministres

On a retenu de lui le ministre fourbe de la Régence, amant d'Anne d'Autriche, parrain de Louis XIV et surtout voleur patenté des richesses du royaume... C'est oublier un peu vite qu'il fit preuve d'une réelle habileté politique, signa la paix avec l'Espagne et consolida le pouvoir royal en préparant l'avènement de son filleul. En revanche, concernant le pillage en règle des finances royales, sa réputation n'est pas usurpée : Jules Mazarin est sans aucun doute le ministre le plus corrompu de notre histoire.

En seulement quelques années, le cardinal va mettre le royaume en coupe réglée, sans aucun scrupule, pour satisfaire cette soif d'or qui semble inextinguible. Il n'est pas le premier à piquer dans la caisse, mais il le fera avec beaucoup d'imagination et ira encore plus loin que les autres... Quand il accède au pouvoir, à la mort de Louis XIII, la régence s'installe. C'est sa grande chance : il a la confiance d'Anne d'Autriche et Louis XIV est mineur, son patrimoine foncier est inexistant. « Il a dû se sentir un peu comme le renard à qui on avait donné les clefs du poulailler, juge son biographe Olivier Poncet.

Il va embaucher Colbert, très ambitieux lui aussi. Dans un premier temps, celui-ci va remettre en ordre ses finances, pour les rendre plus présentables devant le Parlement, avant de vite le persuader de passer à la vitesse supérieure en se constituant un vrai patrimoine foncier. »

Ces deux larrons s'entendent à merveille. Colbert propose, Mazarin tranche et dispose : le cardinal récupère les terres françaises du duc de Mantoue, des portions du domaine royal, plusieurs seigneuries... Il touche des pensions, des charges, des gouvernements de ports, des pots-de-vin, souvent grâce à des hommes de paille, trafique sur les armes, les munitions et les passeports d'import-export, perçoit le tiers de toutes les prises faites sur les navires ennemis...

À cela s'ajoutent les revenus de ses abbayes : il commence par récupérer celles de Richelieu, puis en cumule beaucoup d'autres, pas moins de vingt-cinq, parmi les plus riches, comme Saint-Denis, La Chaise-Dieu, Cluny ou Saint-Bénigne de Dijon... La pratique est courante chez les prélats, mais l'usage veut que les bénéfices soient régulièrement redistribués dans les œuvres de charité, les hospices ou les monts-de-piété. Chez Mazarin, l'or a plutôt tendance à s'accumuler dans ses caisses...

Si bien qu'il se retrouve à la tête d'une fortune considérable, évaluée à 39 millions de livres, soit la moitié environ des recettes annuelles de la monarchie – à comparer avec les 16 millions de Richelieu. Pour donner un ordre de grandeur, qui reste forcément simpliste mais parlant, c'est comme si un Premier ministre actuel avait accumulé 150 milliards d'euros sur le dos de l'État en moins de vingt ans... On comprend plus aisément la haine et la jalousie des Frondeurs, ces grands princes qui vont s'opposer au pouvoir de Mazarin au milieu du XVIIe siècle, le traitant de « sangsue » ou de « vampire ».

Que fait-il donc de ce tas d'or ? Le ministre aime le luxe, achète des chevaux de Naples, des tissus de Gênes et de Milan, des éventails à la mode, des vins fins, des panaches de Venise pour son lit, se couvre de pommades parfumées, et se montre surtout un immense mécène et collectionneur, à l'image des prélats italiens qu'il a servis : sculptures, tapis, bustes, peintures (dont le fameux *Mariage mystique* de sainte Catherine d'Alexandrie, aujourd'hui au Louvre), sans oublier plus de trois cents diamants et pierres précieuses, si faciles à transporter en cas de coup dur... « Une grosse partie de sa fortune était en espèces métalliques, en or ou en argent, à une époque où le numéraire était rare, rappelle l'historien Olivier Poncet. Mazarin pouvait donc payer cash, ce qui lui a servi pendant la Fronde pour financer des troupes ou acheter des ralliements. Il va ainsi consolider son pouvoir en mariant ses nièces, avec une forte dot, avec Mercœur et Conti, parents du prince de Condé, son pire ennemi... »

Quand la mort approche, au début de l'année 1661, le cardinal réalise son dernier coup de maître : il rédige un premier testament de deux pages, par lequel il lègue tout au jeune roi Louis XIV, sachant pertinemment que son filleul refusera... Il fait ainsi œuvre d'humilité, tout en validant d'un seul coup ses rapines au sommet de l'État. Une fois son magot recouvré, il le distribue principalement à sa famille – dont ses fameuses nièces –, à ses proches et à ses amis. Le roi récupérera les fameux

« Mazarin », les plus beaux diamants de l'époque, pour une valeur de 2 millions de livres, soit l'équivalent d'une dizaine de palais romains... Le ministre n'oublia pas Paris, créant une bibliothèque à partir de la remarquable collection de livres qu'il avait amassée toute sa vie – la fameuse bibliothèque Mazarine, celle de son tout nouveau « collège des Quatre-Nations ». Le cardinal n'était pas rancunier : pendant des années, Paris la frondeuse l'avait pourtant traîné dans la boue.

*
* *

Le chocolat entre à la cour de France

Un dessert, le chocolat ? Pas à ses origines, en tout cas. Dans les civilisations précolombiennes, où il est d'abord utilisé, il s'agit d'un breuvage quasi sacré, réservé aux nobles et aux guerriers. Chez les Aztèques, on broie les fèves et on mélange la poudre obtenue avec des piments, mais sans sucre : la boisson est amère, rien à voir avec notre chocolat chaud ! Il s'agit en réalité d'une sorte de drogue censée donner force, vitalité et virilité que l'on prend avant le combat ou lors des grandes cérémonies. Il stimule le cœur, agit contre les problèmes digestifs et les fièvres. Baptisé « *xocoatl* » dans l'Empire aztèque, il deviendra « chocolat » dans la bouche des conquistadors.

Les missionnaires, qui soignent les colons, s'intéressent à cette boisson locale, qu'ils améliorent en y ajoutant de la vanille et surtout du sucre, en plein essor dans les Antilles toutes proches : le breuvage devient nettement plus goûteux. Mais ces produits sont rares et chers et restent encore réservés à l'élite. Peu à peu, le chocolat passe du Nouveau Monde à l'Espagne et continue sa lente évolution dans les monastères, chargés de la pharmacopée. Les praticiens occidentaux commencent à étudier de près cette nouvelle mixture et un traité médical datant du milieu du XVIe siècle établit ses premières vertus : considéré comme un « bon purgatif », il élimine les calculs des reins et « soigne les gerçures de la pointe des seins », à en croire un médecin de la cour de Philippe II.

Il entre en France dans le sillage d'Anne d'Autriche et de Marie-Thérèse, princesses espagnoles et épouses respectives des rois Louis XIII et Louis XIV. La noblesse s'en entiche peu à peu, l'archevêque de Lyon, frère de Richelieu, ne jure que par lui pour soigner ses « humeurs » et sa « rate ». Existe-t-il meilleure publicité que celle d'un grand prélat ? Ce chocolat est consommé uniquement sous forme de boisson, très épaisse car très grasse, chauffée et battue pour obtenir une mousse. Elle est tellement nourrissante qu'elle sert parfois de repas, notamment lors d'une diète forcée, et reste conseillée aux tuberculeux, aux mélancoliques, pour fortifier le cerveau comme l'estomac. La faculté de Paris recommande d'en boire seulement deux tasses par jour, pas plus, sinon on risque l'insomnie, l'irritabilité, des palpitations et même... le bavardage !

Ces dames en sont folles. Marie-Thérèse, la femme de Louis XIV, en fait une grande consommation. Habituée à en boire depuis son enfance, elle continue à Versailles, contribuant à le populariser auprès de l'aristocratie. Sa servante, « La Molina », lui prépare sa boisson à la manière espagnole, avec du lait, du sucre et de la vanille, pour adoucir l'amertume du cacao. Boire du chocolat est aussi une façon d'afficher son standing, car les fèves sont encore rares et les épices fort chères... À l'inverse de son épouse, Louis XIV n'en est pas un grand *aficionado*. Son premier médecin décrète même que le chocolat n'est pas bon pour la santé et veut l'interdire. Ce qui intrigue les courtisans et assure sa popularité – on le consomme en cachette... Mme de Sévigné l'évoque dans sa correspondance, il lui arrive d'en prendre pour digérer ses repas, mais elle met en garde sa fille contre son usage : elle raconte ainsi qu'à force d'en boire, la marquise de Coëtlogon accoucha d'un petit garçon « noir comme le diable » – la cause étant plutôt à chercher auprès de certains domestiques de couleur qui servaient déjà à l'époque des aristocrates...

Louis XV l'apprécie sans retenue, d'autant qu'on lui prête des vertus stimulantes et aphrodisiaques... Le souverain va jusqu'à modifier la recette en y ajoutant un jaune d'œuf et prépare lui-même la mixture dans ses appartements privés, comme le précise le site du château de Versailles. Il crée le titre de « chocolatier du roi » et les manufactures se mettent à créer une vaisselle sur mesure pour déguster ce produit de luxe : chocolatières, tasses, soucoupes... Marie-Antoinette prend le relais en le consommant cette fois sous forme solide, grâce au chocolat à croquer inventé par le pharmacien Sulpice Debauve : comme la reine de France se plaint de devoir ingurgiter ses médicaments en faisant la grimace, le praticien mélange les remèdes dans des pastilles à croquer, vite baptisées « pistoles », car elles rappellent à la souveraine les pièces de monnaie…

La mode versaillaise s'étend aux cours d'Europe et chacun améliore la recette. On remplace l'eau par du lait, on ajoute des amandes, de la fleur d'oranger… Le chocolat est d'abord vendu sous privilège royal, puis déborde dans les épiceries ou les pharmacies. Il sert toujours à soigner, mais aussi à masquer l'amertume des médicaments, que l'on enrobe habilement sous une couche de cacao, sous la forme de pastilles ou de dragées. L'or brun fait des émules : les premières chocolateries se multiplient et approvisionnent médecins, pharmaciens et boutiques spécialisées.

L'engouement perdure au XIXe siècle : on trouve des chocolats pour se fortifier, se purger, se prémunir du choléra, et même pour soigner le foie… L'industrialisation sonne l'arrivée d'une consommation de masse qui fait passer le chocolat de médicament à simple aliment : on arrive à extraire efficacement la graisse de cette pâte de cacao encore trop lourde, le Hollandais Van Houten parvenant même à créer une poudre facile à délayer dans de l'eau ou du lait. Les familles Menier, Lindt et Suchard améliorent les techniques et multiplient les recettes en ajoutant plus ou moins de beurre de cacao à la pâte initiale. La nouvelle formule, plus souple à travailler, est coulée dans des moules en forme de tablettes, faciles à utiliser par les particuliers comme par les professionnels : les prix baissent, la consommation augmente, le chocolat peut devenir une friandise planétaire !

*
* *

Quand le café était trop musulman pour les catholiques

Le café n'a pas toujours eu la cote en Occident, loin de là… Comme le rappelle un livre aussi instructif que gourmand – *Le Monde dans nos tasses*, du géohistorien Christian Grataloup –, il a fallu vaincre pas mal de réticences et de préjugés pour qu'il s'impose dans nos habitudes alimentaires. La faute à son goût âcre, son aspect noir comme le diable et ses origines orientales, puisqu'il nous est parvenu depuis les terres musulmanes des Empires perse et ottoman du XVe siècle.

Apparu en Éthiopie, le caféier est rapidement cultivé au Yémen, notamment autour du port de Mokka : on récolte les graines que l'on fait griller, avant de les réduire en poudre. D'abord consommé sous forme d'épice puis peu à peu utilisé en infusion, le café est vite réputé pour maintenir l'esprit éveillé – il est notamment apprécié des communautés soufies.

L'ancêtre du café était né, son usage se propage rapidement, en profitant notamment de l'interdit qui frappe l'alcool. « Mais les musulmans s'en méfient les premiers, explique le professeur Grataloup. Ses propriétés excitantes suscitent méfiance et suspicion, on se demande si ce nouvel aliment est hallal ou pas, ou s'il est assimilable au vin… Mais ces débats ne vont pas durer longtemps. »

Les pèlerins qui reviennent de La Mecque diffusent un peu partout le nouveau nectar, que l'on déguste entre amis dans des établissements dédiés, tout en discutant littérature ou en disputant des jeux de société. Les Vénitiens, qui font commerce entre l'Orient et l'Occident, rapportent le breuvage, ouvrent les premiers établissements et traduisent l'arabe *qahwah* et le turc *kahve* par « caffè », un mot adopté dans tout l'Occident. Mais les catholiques sont réticents : faut-il consommer cette boisson des infidèles ?

« La question fut soumise au pape Clément VIII, connu pour sa rigueur, au tout début du XVIIe siècle, écrit l'historien Christian Grataloup. Rationnel, le pontife goûta d'abord le nouveau breuvage, le trouva excellent et se garda bien de le condamner. Il faut dire aussi qu'il en a vu l'intérêt pour maintenir les moines éveillés durant les offices nocturnes… »

L'adoubement pontifical agit comme un accélérateur, les établissements de café ouvrent dans toutes les villes d'Europe. En France, ce sont les Arméniens qui tiennent ces commerces à Marseille, Paris suit quelques années plus tard, surtout après le passage de l'ambassade de la Sublime Porte – le gouvernement ottoman – dans la capitale en 1669. Louis XIV goûte au nectar, mais il préfère nettement les infusions de sauge, surnommée « le thé de Grèce », très en vogue à l'époque. Louis XV et Mme du Barry apprécient le café, même s'ils aiment encore plus le chocolat, considéré comme la boisson savoureuse de l'aristocratie.

« Le café est beaucoup moins cher que le chocolat, développe Christian Grataloup, ce qui explique sa grande diffusion dans les milieux populaires et la naissance des fameuses maisons de café, comme on appelle à l'époque ces établissements spécialisés, qui deviendront nos bistrots. Le premier ouvre rue Mazarine, à la fin du XVIIe siècle, suivi par le café Procope, près de l'Odéon, fondé par l'Italien Francesco Procopio en 1686, qui sera fréquenté par nombre de philosophes des Lumières, comme Voltaire, Rousseau, Diderot... » De fait, le café devient vite la boisson de la Révolution française. « On peut dire que tous les ténors de 1789 étaient drogués au café, notamment pendant les réunions de la Convention, car on ne dormait pas beaucoup entre chaque débat... Et on croisait également des vendeurs de café ambulants dans les rues de Paris. »

Pourquoi le thé a-t-il mis plus de temps à s'imposer ? « Parce que les Chinois ont longtemps gardé le monopole de leurs plants, contrairement aux caféiers qui ont été importés partout », explique le professeur Grataloup. Le thé restait cher, il a fait la fortune des commerçants hollandais et anglais. Il faut attendre la guerre de l'opium, au XIXe siècle, pour que les Anglais mettent enfin la main sur les plants de théiers. Dès lors, ils vont produire massivement le thé dans leurs colonies, notamment en Inde. Et inonder l'Europe de leur breuvage...

*

* *

Marie-Angélique, le dernier caprice sexuel de Louis XIV

Angélique à Versailles a bel et bien existé : yeux langoureux, figure d'ange, taille bien faite, brillante chevelure, Marie-Angélique de Fontanges, 17 ans, a tous les atouts pour rallumer le démon de midi d'un roi de France qui s'enlise dans la quarantaine... En quelques mois, elle va s'imposer comme la favorite en titre, accumuler les faveurs, mettre au monde un enfant, avant de connaître une fin tragique, étoile filante dans la vie d'un homme alors au tournant de sa vie intime – elle sera dévorée toute crue à la fois par le souverain et une cour de requins avide de sang neuf.

Sa beauté décida de son destin : à 15 ans, la petite provinciale issue de la noblesse auvergnate est repérée par un cousin de la famille, le comte de Peyre, en disgrâce auprès du roi. Il forge alors le projet de revenir en cour en faisant de Marie-Angélique la nouvelle maîtresse royale. Le complot se met en place, on la forme vite aux usages, elle entre au service de Madame, princesse Palatine et belle-sœur du roi. Et tombe vite sous les radars de Louis XIV, lassé de Mme de Montespan...

Le roi lui déclare sa flamme. Comment Angélique pourrait-elle résister ? Louis XIV n'est plus de la première fraîcheur : un visage marqué par la petite vérole, des caries plein la mâchoire, une mauvaise haleine persistante, mais il a encore une belle prestance et reste l'un des hommes les plus puissants du monde... Pour la jeune Auvergnate, l'idylle tourne au conte de fées : elle cède rapidement à la fin de l'année 1678 et se voit couverte de cadeaux : bijoux, robes, carrosses, pension... La cour a compris, Mme de Montespan, humiliée, ronge son frein.

Son destin solaire sera de courte durée : au début de l'année 1680, elle met au monde un fils, qui meurt précocement, retombe vraisemblablement enceinte et se remet mal de ses couches. La jeune Marie-Angélique meurt brutalement en juin 1681, à 20 ans seulement, non sans avoir vu une dernière fois le souverain, accouru à son chevet. La rumeur publique s'enflamme – on est en pleine affaire des Poisons –, les commérages désignent la Montespan, Louis XIV ne souhaite pas d'autopsie, pour éviter de souffler sur les braises, mais ne peut l'empêcher : les médecins concluent à une mort naturelle, mais le débat n'est toujours pas clos.

Qu'a vraiment représenté Marie-Angélique aux yeux du roi ? Pour Patrick Daguenet, auteur d'une biographie de ce joli météore, il s'agissait d'une vraie passion plutôt que d'une simple passade. Louis XIV l'aurait aimée de façon sincère : la jeune Angélique lui aurait ainsi rappelé ses amours de jeunesse, comme les sentiments désintéressés de la douce Mme de La Vallière, bien loin des maîtresses ambitieuses qui rôdaient autour de lui... L'historien s'insurge ainsi contre l'image d'une jeune fille « sotte comme un panier », étiquette qui lui a été rapidement accolée par la cour. Il rappelle qu'il s'agit là de jugements d'adultes jaloux et malveillants face à une jeune fille âgée de simplement 17 ans qui débarque à Versailles avec sa naïveté et son accent auvergnat. Personne, mis à part le roi, ne lui a fait de cadeaux.

La brève histoire de Marie-Angélique marque une vraie étape dans la vie privée du Roi-Soleil : elle concentre les derniers feux ardents d'un roi jouisseur, qui sort d'une vie d'excès au côté de Mme de Montespan et s'apprête à se ranger en choisissant une romance paisible avec la très pieuse Mme de Maintenon, qui sera sa dernière compagne. Comme si le souverain libertin avait fini par se faire une raison.

*

* *

Comment le cœur du Roi-Soleil a fini en pot de peinture

Une histoire digne des meilleurs films horrifiques ou fantastiques, c'est selon… En pleine tourmente révolutionnaire, alors que désordre et excès régnaient partout, les cœurs embaumés des souverains de France ont fait l'objet de trafics peu recommandables… On savait ainsi que ceux de Louis XIII et de Louis XIV avaient été dérobés pour fabriquer des pigments capables de reproduire un brun particulier, très recherché par les peintres de l'époque. Et selon le médecin légiste Philippe Charlier – connu pour avoir résolu nombre d'énigmes historiques en se penchant sur les restes de cadavres célèbres –, une partie du cœur du Roi-Soleil a bien fini étalée en couches sur un tableau signé Alexandre Pau de Saint-Martin que l'on peut toujours admirer au musée Tavet-Delacour de Pontoise, une affaire insolite qu'il détaille dans son livre *Autopsie des cœurs célèbres*.

Mais comment a-t-on pu en arriver là ? Le fait d'utiliser des restes momifiés dans l'art pictural remonte aux XVIIe et XVIIIe siècles. Pour imiter le style de Rembrandt ou du Caravage, les peintres tentent à tout prix de se rapprocher au mieux des teintes sombres ou brunes en utilisant l'asphalte ou le bitume de Judée… ce qui, rappelle Philippe Charlier, a l'inconvénient de coûter une petite fortune. « Finalement, un produit de substitution, appelé mummia (ou "brun de momie"), issu du broyage des restes de momies égyptiennes (ou présumées telles…), se popularisera auprès des peintres en donnant un résultat assez proche », explique le médecin légiste. C'est ainsi que nombre de restes humains finissent en bouille, une mixture organique mélangée avec de l'huile qui donne un superbe glacis aux tableaux…

Mais la Révolution française vient perturber le petit business pictural. La France est en guerre, l'approvisionnement devient compliqué : difficile de trouver des momies égyptiennes. Il faut donc se rabattre sur des matériaux locaux… C'est ainsi que de petits malins ont l'idée d'écouler les cœurs des princes ou souverains qui ont été jadis retirés des corps embaumés pour être exposés à la dévotion des fidèles dans des églises ou des monastères. C'est le cas de nombre de reliques princières du Val-de-Grâce, qui font l'objet d'un véritable trafic, ainsi que des cœurs de Louis XIII et Louis XIV, déposés dans l'église Saint-Paul-Saint-Louis du Marais, tous récupérés par des peintres peu scrupuleux. Faut-il y voir un acte politique, histoire de montrer son patriotisme en profanant le corps royal ? ou bien de donner un caractère sacré ou immortel à son œuvre afin de la sortir du lot ?

C'est ainsi que des fragments des cœurs de Louis XIII et de Louis XIV vont finir en « mummia royale ». Deux tableaux sont concernés : *Vue de Caen* d'Alexandre Pau de Saint-Martin et *Intérieur d'une cuisine* de Martin Drölling, réalisés en 1810 et 1815, deux œuvres d'un style assez banal mais qui ne manquent pas de charme grâce à ces contrastes et ces bruns particuliers. Pour mener son enquête et procéder à des analyses, Philippe Charlier, aujourd'hui directeur du département de la recherche au musée du Quai Branly, a réussi à obtenir le feu vert du musée de Pontoise, mais pas celui du Louvre, qui détient l'œuvre de Martin Drölling. Le scientifique s'est donc concentré sur la *Vue de Caen* de Pau de Saint-Martin : un premier balayage au microscope électronique sur les peintures brunes a révélé la présence de tissu musculaire. Une analyse protéomique par le laboratoire du CEA de Marcoule a mis au jour des protéines cardiaques, ce qui confirme l'utilisation de fragments de cœur humain. Reste à savoir de quel roi il s'agit...

Un examen au micro-CT-scanner révèle des calcifications au niveau des valves et valvules, très fréquentes chez les personnes âgées – or Louis XIV est mort à 76 ans, contrairement à son père Louis XIII, emporté à seulement 41 ans. De plus, on a retrouvé des traces évidentes de gangrène infectieuse. « Cela correspond aux causes exactes de la mort de Louis XIV en 1715, relève Philippe Charlier. La légende disait donc vrai... » Notre Sherlock Holmes des tombeaux attend désormais avec impatience l'autorisation du Louvre pour travailler sur la toile de Martin Drölling afin de trouver éventuellement des traces du cœur de Louis XIII.

Que sont ensuite devenus les restes de nos deux souverains ? Les corps ont été exhumés et profanés à la Révolution, puis jetés dans une fosse commune, mais leurs cœurs momifiés furent finalement restitués par nos receleurs – Drölling et Pau de Saint-Martin – au roi Louis XVIII, avec quelques bouts de muscle en moins. Ils furent alors placés dans de nouveaux cardiotaphes dans la basilique Saint-Denis. Où ils reposent cette fois en paix.

*
* *

À Versailles, les animaux menaient la vie royale

Singes, éléphants, tigres, casoars, gazelles, perroquets, mais aussi chiens, chats, chevaux... La liste est longue des animaux qui côtoyaient les souverains et leur cour dans l'enceinte du somptueux château de Versailles. De tout temps, les monarques se sont entourés d'une ménagerie prestigieuse et d'animaux de compagnie. Mais avec l'ampleur que prennent Versailles et la cour française au XVIIe siècle, cette habitude revêt une dimension toute particulière. C'est un véritable zoo vivant qui s'installe au cœur du palais, mais aussi une formidable source d'inspiration pour les artistes et savants de l'époque.

Chaque souverain avait ainsi ses préférences... Si Louis XIV n'aimait ni les chats ni les petits chiens, il possédait des braques, qu'il nourrissait de sa main avec des gâteaux secs parfumés à la fleur d'oranger. Quant à Mme de Montespan, toujours originale et créative, elle élevait six souris qu'elle attelait à un carrosse miniature... Sous Louis XV, les chats régnaient en maîtres, à tel point que le souverain installa spécialement un coussin de velours dans son cabinet du Conseil pour son angora nommé Brillant. Un animal « d'une grosseur prodigieuse, très doux et très familier », nous rapporte la chronique, qui ronronnait en écoutant les ministres débattre des questions politiques...

Louis XV, qui possédait également un persan noir baptisé Le Général, immortalisé par le peintre Oudry, contribua largement à populariser l'adoption des félins à Versailles. Sa maîtresse, Mme de Pompadour, suit la mode, mais soigne également ses pigeons et ses deux épagneuls nains, Inès et Mimi... Cet engouement pour les chats prend fin avec le règne de Louis XVI, qui les déteste depuis que l'un d'eux, couché malencontreusement dans la chaise percée princière, lui a griffé un jour le postérieur... Le roi prend même un plaisir pervers à les chasser sur les toits du château.

Les courtisans et les princes raffolent également des volières, que l'on installe dans les antichambres pour amuser la galerie. On y admire des perruches, on s'entiche des perroquets du Gabon, pour leur apprendre quelques mots, ou de ceux d'Amazonie, appréciés pour leurs couleurs chatoyantes... On offre également des singes aux dames et aux enfants en guise de jouets – l'une des filles de Louis XV possédera un petit sapajou. Le plus souvent enchaînés, ils deviennent agressifs et ne vivent guère longtemps, notamment en raison des hivers trop rigoureux. Le tableau ne serait pas complet sans la petite ferme personnelle que se fait bâtir Marie-Antoinette à Trianon, où elle prend plaisir à s'isoler au milieu d'un décor artificiel qui s'inscrit dans le mouvement de la pastorale, très en vogue à la fin du XVIIIe siècle, parmi ses chèvres, moutons, poules, vaches venues de Suisse et plus de 2 000 carpes dans l'étang. Loin du protocole, bobo avant l'heure, Marie-Antoinette n'aime rien tant que venir déguster le beurre, la crème ou le fromage sur place, dans sa laiterie flambant neuve...

Mais les deux animaux les plus appréciés au palais restent sans conteste le cheval et le chien, tous deux symboles de la puissance royale, notamment à travers la chasse, la grande affaire de Versailles. Le roi dispose personnellement d'une vingtaine de montures, sur les 2 000 chevaux que comptent les écuries royales sous le règne de Louis XVI, dédiés à tous les usages, militaires ou civils. Quant aux chiens, plus de trois cents sont utilisés pour la chasse dans les chenils, placés sous l'autorité du Grand Veneur. Les animaux sont logés dans des bâtiments équipés de cheminées, d'abreuvoirs et de banquettes, avec un passage pour leur faire prendre l'air et se dégourdir les pattes... Plus chanceux sont les chiens de compagnie, choyés et gâtés par les princes, qui leur font construire des niches d'un luxe inouï avec marqueterie, placage d'ébène, ornements en bronze doré et garniture d'argent ou de damas cramoisi.

Pour l'exotisme et les sensations fortes, direction la Ménagerie, aujourd'hui disparue, qui était située au sud du Grand Canal, avec un dôme offrant une vue plongeante sur les enclos. Construite par Louis XIV, elle ne fait que prolonger la tradition qui exige que les princes s'entourent d'animaux rares qui concourent à leur gloire, ramenés d'expéditions ou offerts par des ambassades. Elle accueille des dizaines d'oiseaux précieux, casoars, flamants roses, autruches, des poules sultanes, une grue couronnée – la fierté du roi – ainsi que des mammifères singuliers, fauves, gazelles, antilopes, chèvres de Perse, chameaux, éléphants, ces derniers engloutissant chaque jour 80 livres de pain et 12 litres de vin…

Au-delà de l'anecdote, ce bestiaire à ciel ouvert fut aussi une formidable source d'inspiration pour les artistes. Le thème animalier s'empare plus que jamais de la décoration du palais, on le retrouve dans les peintures, sur les tentures, dans les sculptures, les pendules, les candélabres, les baromètres, jusqu'aux traîneaux de la cour, dont un fameux en forme de léopard… Les savants ne sont pas en reste puisqu'ils vont dessiner, étudier et disséquer certains spécimens de cette ménagerie royale. Laquelle finit par rejoindre celle du Muséum d'histoire naturelle à la Révolution, sous la pression de Jussieu et de Bernardin de Saint-Pierre. La ménagerie républicaine deviendra ainsi le premier grand zoo de France ouvert aux Parisiens…

*

* *

Louis XV, cible favorite de la presse à scandale

Demander de l'argent pour ne pas publier des horreurs sur une personne, voilà une vieille technique d'aigrefins qui a connu son âge d'or au XVIIIe siècle. À l'époque, elle a même été pratiquement inventée par un gazetier français peu scrupuleux, Charles Théveneau de Morande, qui publiait des révélations scabreuses et privées sur tous les princes de l'époque dans la seconde moitié du siècle. Le libelliste opérait depuis Londres pour s'adonner à son juteux trafic tout en évitant la censure du royaume de France qui contrôlait plus ou moins bien les libraires.

La technique était rodée : Morande écrivait des ragots diffamatoires sur les célébrités de l'époque, il en imprimait certains extraits qu'il faisait parvenir à ses cibles en les menaçant de tout publier si elles ne payaient pas une certaine somme… Sauver sa réputation était à ce prix, sachant que la littérature pamphlétaire inondait régulièrement les antichambres du pouvoir et les appartements parisiens. C'était la presse de ruisseau de l'époque, le *Voici* des Lumières, très prisée, car mordante vis-à-vis du pouvoir royal, avant même son explosion sous la Révolution française – il va sans dire qu'aucune déontologie n'arrêtait les scribouillards de l'époque.

Morande attaque avec sommations et s'enrichit à vue d'œil tandis que la liste de ses victimes s'allonge : de riches bourgeois parisiens, plusieurs nobles, le marquis de Marigny, frère de la Pompadour qui doit son élévation à la favorite royale, des ministres, et même Voltaire. À la même époque, au début des années 1770, le libelliste frappe un grand coup en publiant *Le Gazetier cuirassé*, une édition pamphlétaire qui égrène, pêle-mêle, les scandales de la cour et des anecdotes croustillantes ou grivoises sur les princes et les puissants du moment. La publication fait grand bruit, même si elle circule sous le manteau. Désormais, la monarchie suit de très près ce Morande, décidément bien insolent : on l'espionne, on l'intimide, on tente même de l'enlever ; sans succès.

La plus chaude alerte survient quelques années plus tard, lorsque l'aigrefin décide de viser frontalement Mme du Barry, nouvelle favorite du roi, une ancienne courtisane de haut vol qui tient désormais la première place à Versailles. On imagine le scandale à la cour et les anecdotes à venir, d'autant que l'on prévoit de joindre au texte des gravures licencieuses… Le titre en fait déjà saliver plus d'un : *Mémoires secrets d'une femme publique ou Essai sur les aventures de Mme du Barry depuis son berceau jusqu'au lit d'honneur*. Tout un programme… Morande laisse entendre qu'il parlera de ces fameuses techniques sexuelles qui ont envoûté le roi – dont le « baptême ambré », qui consistait à se parfumer l'entrejambe. En comparaison, *Closer* fait aujourd'hui dans la dentelle.

Louis XV s'inquiète, il sait à juste titre combien ces détails, brodés ou inventés par un cerveau tordu, peuvent affaiblir un pouvoir royal qu'il a contribué lui-même à désacraliser en s'affichant avec des maîtresses issues du tiers état. On entre en contact avec Morande, qui flaire là le coup du siècle : il réclame 6 000 louis comptants pour laisser l'exemplaire au placard et une pension annuelle de 5 000 livres (plusieurs dizaines de milliers d'euros aujourd'hui), réversible à sa mort à sa femme et ses héritiers ! C'est ce qui s'appelle faire chanter la poule aux œufs d'or. Les espions et des émissaires – dont Beaumarchais en 1774 – se succèdent à Londres pour intimider Morande ou négocier à la baisse les prétentions du célèbre libelliste, qui finit par obtenir un beau capital et une pension en échange de son silence...

Sous le règne de Louis XVI, la technique va devenir une habitude : un commerce de livres licencieux se met en place pour rançonner les princes du sang, et notamment Marie-Antoinette, cible privilégiée, car le seul fait de parler d'elle fait vendre du papier... On voit même certains policiers chargés de contrôler l'imprimerie tremper dans ce business de l'ombre en ramassant leur pourcentage au passage. Le roi, soucieux de l'honneur de sa femme, prend l'habitude de payer, à l'image des autres princes. En 1781, il débourse la somme invraisemblable de 18 600 livres pour acheter l'édition des *Amours de Charlot et de Toinette,* très injurieux pour le couple royal, illustré de gravures pornographiques. Ce n'est qu'un début : avec l'affaire du Collier, en 1785, les bandits littéraires prolifèrent, notamment la fausse comtesse de La Motte, une arnaqueuse qui a monté toute l'affaire en faisant acheter un collier mirifique au nom de la reine par un cardinal crédule, dans le dos de la souveraine, sans doute innocente dans l'histoire. Le scandale est inouï, la reine définitivement déconsidérée dans l'opinion publique, quatre ans avant la Révolution française.

Condamnée puis emprisonnée, la comtesse de La Motte finit par s'évader à Londres, où elle assouvit sa vengeance en publiant des brûlots sur la souveraine. En 1791, tandis qu'elle s'apprête à sortir de nouveaux souvenirs fracassants, dans lesquels elle décrit une Marie-Antoinette lesbienne et maîtresse du premier cardinal de France, elle meurt brutalement. Mais Louis XVI charge de détruire à tout prix ce torrent de boue : un agent achète le tout pour 14 000 livres et brûle la totalité des exemplaires – soit trente ballots – dans le four de la manufacture de Sèvres. En vain : un exemplaire est récupéré par des républicains, qui finissent par l'imprimer. Quand il paraît enfin, la monarchie agonise, la famille royale croupit au Temple en attendant le pire.

*
* *

Louis XVI : la misérable enfance d'un roi

On sait qu'un caractère d'adulte se forge pendant l'enfance. Et celle de Louis XVI a été particulièrement lugubre… Certes, il est né prince du sang, dans les murs de Versailles, entouré de domestiques et d'un luxe inégalé. Mais cela n'a pas empêché une misère affective et des traumatismes extrêmement violents, comme le rappelle Emmanuel de Valicourt dans une étude consacrée au souverain et à ses deux frères cadets. Une plongée intime dans la vie d'un prince qui n'aurait jamais dû régner, affaibli et écrasé par un entourage toxique et parfois méprisant.

Quand Louis vient au monde, en août 1754, il est le deuxième dans l'ordre de succession au trône, lequel est réservé à son aîné, le duc de Bourgogne. On ne délaisse pas ce suppléant, mais on le laisse grandir dans l'ombre, entre un père autoritaire et une mère froide et insensible. Louis-Ferdinand et Marie-Josèphe de Saxe, ses parents, ont choisi d'éduquer leurs enfants à la dure, rejetant le luxe, la frivolité et l'orgueil.

Berry n'est pas sot, il est passionné très jeune par les sciences, mais reste pataud et timide quand son aîné Bourgogne attire la lumière et l'attention de la cour. « Il souffre de l'écrasante présence de son frère, explique Emmanuel de Valicourt. Il n'a pas de génie, pas d'esprit, il est plutôt du genre laborieux. Il est surtout très dépressif, il a le sentiment de ne pas être aimé… »

Seule Mme Adélaïde, l'une de ses tantes, comprend ses états d'âme et lui apporte cette attention qu'il recherche continuellement. « Il n'a jamais aimé les plaisirs des enfants, rapporta Mme de La Ferté-Imbault dans ses souvenirs. Il paraissait maussade à force d'être raisonnable, dans l'âge où tout le monde est enfant… »

C'est dans ce contexte que le drame éclate : le duc de Bourgogne, l'idole de la famille, fait une mauvaise chute, un abcès se déclare à la hanche, il est opéré au printemps 1760 mais développe rapidement une tuberculose osseuse. Commence alors une lente décrépitude dans la douleur et le handicap.

Le jeune prince est alité et réclame la compagnie de son frère Berry, soumis et stoïque, qui devient peu à peu son souffre-douleur. Le futur Louis XVI, âgé de six ans et demi, voit son frère dépérir sous ses yeux tout en supportant ses humiliations et ses caprices jusqu'à sa mort, en mars 1761, pendant que ses parents se désespèrent. « Ces sept mois passés au chevet de son frère font des ravages et finissent par le briser, explique Emmanuel de Valicourt. Il va tout intérioriser et doutera de lui-même jusqu'à la fin de ses jours. Louis XVI ne se fera jamais confiance. »

Dès lors, le nouvel héritier du trône doit vivre avec le souvenir de ce frère parti trop tôt, un sentiment de culpabilité qu'il ressent d'autant plus fort que Louis Ferdinand et Marie-Josèphe ont toujours adoré leur aîné. Berry se concentre sur les études – droit, histoire, latin, mathématiques, langues étrangères, physique, dessin –, auxquelles il montre plus d'aptitudes que ses cadets, le duc de Provence, moins studieux, et le duc d'Artois, élève médiocre. Mais la mort rôde toujours « en embuscade », comme le rappelle l'auteur : à peine remis du décès de son frère, le jeune Louis doit endurer la maladie et la mort de son père, emporté par la tuberculose à 36 ans, en 1765.

Berry a 11 ans, le voilà désormais dauphin de France et la pression devient plus forte, surtout de la part de sa mère, qui voit en lui le monarque que son mari n'a pas pu devenir… Elle le sermonne, l'accable d'injonctions, redoute cette faiblesse dans la détermination que tout le monde pressent déjà. Mais elle disparaît à son tour deux ans seulement après son mari. Toute sa vie, Louis le dépressif gardera dans sa chambre les portraits de ses parents, vénérés comme des modèles à suivre.

Le dauphin s'enferme davantage dans la solitude, sa meilleure alliée, ne trouvant un défoulement que dans la chasse, qu'il adore. « Il n'a pas d'amis, il n'en aura jamais, ni d'ailleurs de maîtresses plus tard, relève Emmanuel de Valicourt. Même au sein de sa famille, il se retrouve isolé. »

Louis grandit, devient immense, balourd dans ce corps d'adolescent trop grand qui accentue encore sa maladresse. Ses frères, Provence et Artois, profitent de la moindre occasion pour se moquer et railler cet aîné sans panache. « Ils ne l'accepteront jamais comme l'héritier du trône. Ils le tournent en dérision, profitent de son manque d'autorité pour s'imposer, minant un peu plus sa confiance en lui. Un mépris qui continuera quand il montera sur le trône : ils obtiendront de l'appeler Mon frère, plutôt que Sire… »

Le roi Louis XV regarde avec curiosité ce petit-fils appelé à lui succéder. Il ne le comprend guère, prend sa franchise pour une faiblesse, mais apprécie de le voir soumis, studieux et économe. En retour, le dauphin souffre du caractère hautain du roi, loin de l'humilité inculquée par son père et juge avec sévérité sa dernière maîtresse, cette Mme du Barry sortie du faubourg.

Le jeune Louis se retrouve seul devant un vieux roi dépressif qui ne lui donnera aucune formation, ni militaire, ni politique. Car Louis XV se garde bien de l'associer aux affaires, une erreur qu'il avait déjà commise avec son propre fils Louis Ferdinand. Une faute politique : jamais un Bourbon ne fut plus éduqué mais aussi mal préparé à gouverner l'un des pays les plus puissants du monde…

*
* *

Le château de Versailles est-il hanté ?

En façade, le style louisquatorzien en majesté… Mais en coulisse, c'est une autre affaire : la magie et le surnaturel régneraient en maîtres, notamment dans les jardins du domaine, où plusieurs témoins ont assisté à des scènes étranges et inexpliquées, comme le rapporte l'historien Jean-Christian Petitfils dans un ouvrage consacré aux *Histoires, secrets et mystères* du château de Versailles. On découvre ainsi d'incroyables apparitions dûment rapportées par deux Anglaises très sérieuses, Annie Moberly et Eleanor Jourdain, principale et vice-principale du St Hugh's College d'Oxford – c'est dire si leur témoignage a été pris au sérieux.

En août 1901, vers 17 heures, toutes deux se promènent dans les jardins du Petit Trianon lorsqu'elles aperçoivent distinctement deux hommes en habit « vert grisâtre » avec tricorne sur la tête, puis un homme au visage vérolé qui les regarde d'un air méchant, et enfin un jeune homme agité et pressé portant une cape et des chaussures à boucles qui leur crie : « Mesdames, il ne faut pas passer par là » ; avant de tomber sur une femme blonde en fichu vert et chapeau en train de dessiner, qui se retourne et les regarde fixement...

Était-ce Marie-Antoinette ? Après avoir examiné de près des gravures, miss Moberly en était convaincue. Quant aux autres personnages, les Anglaises crurent reconnaître le comte de Vaudreuil, un familier de la reine, ainsi que deux gardes suisses de la souveraine, les frères Bersy. Les deux femmes, qu'on ne peut accuser d'être mythomanes, étaient persuadées d'avoir été transportées dans un monde parallèle, comme projetées dans un rêve où elles auraient croisé d'authentiques fantômes... Elles insistèrent sur le fait qu'elles avaient été saisies d'une grande fatigue et d'un sentiment d'oppression et d'angoisse pendant cette visite quelque peu fantastique.

Toutes deux moururent dans les années 1930 sans jamais renier leur témoignage. On chercha évidemment à y apporter des réponses rationnelles... Pouvait-il s'agir du tournage d'un film ou d'une scène historique ? Aucun document ne confirme cette piste. Une fête déguisée donnée par Robert de Montesquiou, ami de Proust ? L'homme possédait en effet une maison toute proche du domaine et la clef du parc de Trianon où il aimait flâner avec ses amis... Mais aucune preuve d'une fête déguisée ce jour-là n'a été apportée. Le mystère reste entier, d'autant que les éléments sur le jardin et les décors laissent penser qu'il s'agissait plutôt du Petit Trianon de 1774, avant les travaux engagés par la suite...

Le plus étrange est que ces « apparitions » vont continuer : en 1908, une famille d'Anglais voit à nouveau la fameuse dessinatrice et, en 1928, deux institutrices croisent un vieil homme en tricorne avec un bâton de cérémonie… Dans les années 1930, le Français Robert Philippe, futur professeur de dessin, fait également une bien curieuse rencontre : alors qu'il visite le hameau de la Reine avec ses parents, il s'isole derrière un arbre pour uriner et se voit soudain abordé par une femme qu'il n'a pas vue venir… La dame engage la conversation, elle lui assure habiter Trianon. « Mais il me semble que Trianon n'est pas habité », lui répond-il. « Oui, mais pas pour moi. » Et tandis qu'il rallume sa cigarette, elle a déjà disparu…

La liste des phénomènes connus ne serait pas complète sans l'apparition en 1955 d'une mystérieuse femme en robe jaune – rapportée par un couple britannique – accompagnée de deux hommes en longs manteaux avec des chaussures à boucles d'argent… Et que dire de ce peintre, trois ans plus tard, qui a la peur de sa vie lorsqu'il se fait enfermer dans la bergerie du Hameau pour dessiner des croquis en toute tranquillité ? Il appelle soudain le gardien et lui affirme, le cœur tout retourné, qu'il vient de voir Marie-Antoinette sans sa tête descendre l'escalier. « J'ai même entendu le claquement de ses talons… » Phénomène paranormal, voyage dans le temps, hallucinations ou réminiscences ? « On navigue entre littérature fantastique et parapsychologie », écrit-il, tout en laissant le lecteur se faire sa propre opinion… Mais la prochaine fois que vous vous promenez dans les jardins, soyez attentifs aux sons et au moindre détail… Qui sait ? Les fantômes de Versailles vous épient peut-être derrière les façades et les buissons secrets.

DE LA RÉVOLUTION À L'EMPIRE

*
* *

Prise de la Bastille : deux fous, quatre faussaires et un pervers sexuel libérés

Sans vouloir dénigrer les brillants faits d'armes de notre Révolution française, il faut bien reconnaître que la légende tricotée au fil des ans sur la prise de la Bastille ne s'accorde pas vraiment aux événements du 14 juillet 1789… La Bastille, c'est quoi ? Le symbole de l'autorité royale, puisque le souverain pouvait y envoyer croupir tout opposant sur simple lettre de cachet, très utilisée par Louis XIV. En revanche, Louis XVI a la main bien moins lourde que son aïeul et les internements sont plus courts qu'autrefois. Au milieu des années 1780, les urbanistes du roi envisagent même la destruction de cette prison-forteresse trop coûteuse à entretenir, ce qui permettrait l'aménagement d'une place avenante près du quartier Saint-Antoine – le fort de Vincennes sera bien suffisant pour accueillir les prisonniers.

De fait, lorsque la Révolution éclate, il n'y a guère que sept détenus dans les geôles du bastion, à savoir les dénommés Tavernier et de Whyte, deux fous à lier, le comte de Solages, un pervers enfermé à la demande de son père pour inceste avec sa sœur, et quatre faussaires qui attendent leur jugement pour avoir falsifié des lettres de change. Alors pourquoi s'en prendre à cette grosse forteresse pour si peu de prisonniers ?

Si les émeutiers attaquent la Bastille en juillet 1789, c'est d'abord pour des questions pratiques : ils ont pillé des milliers de fusils aux Invalides et cherchent des munitions dans tout Paris pour se protéger des troupes massées par le roi autour de la capitale. Or, de la poudre et des cartouches, il y en a à la Bastille, il n'y a qu'à aller se servir, comme aux Invalides. « À la Bastille ! » crie la foule surchauffée. Mais la forteresse reste imposante : elle peut compter sur une centaine de soldats pour la défendre, une vingtaine de canons, douze fusils de rempart, cinq cents boulets, vingt mille cartouches et deux cent cinquante barils de poudre… De quoi soutenir un siège en règle en attendant d'éventuels secours des régiments proches.

Pourquoi est-elle donc tombée si vite ? D'abord, son chef, le gouverneur de Launay, est un homme peureux, peu expérimenté et irrésolu, selon les témoignages militaires de l'époque. Manifestement pas l'homme de la situation. Ensuite, les assaillants vont faire preuve de ruse et de détermination. Ils envoient d'abord plusieurs délégations qui entrent dans la place et constatent très vite que le gouverneur est non seulement débordé, mais paniqué. Les premiers échanges de coups de feu en début d'après-midi montrent également aux émeutiers qu'il ne veut pas d'un bain de sang, ils peuvent donc espérer une capitulation.

De Launay résiste mollement, fait tirer au canon, trop faiblement pour disperser la foule mais suffisamment pour tuer des assaillants et exciter les meneurs

– les combats feront une centaine de morts et autant de blessés dans la foule. Les émeutiers pointent à leur tour des canons et font feu ; ils menacent désormais le pont-levis, ce qui pousse le gouverneur, complètement dépassé, à capituler en faisant agiter un drapeau blanc aux murailles. On négocie l'ouverture des portes contre la vie sauve et les honneurs de la guerre. Des chefs des assaillants promettent, d'autres pas, les avis divergent... En attendant, entre la panique et les contrordres, le pont-levis finit par s'abaisser, déclenchant l'hallali. Le gouverneur se fait lyncher par la foule, un cuisinier lui détache la tête avec un couteau, on la promène toute la soirée dans Paris au bout d'une pique.

La confusion est la plus totale, des émeutiers tuent ceux arrivés plus tôt dans la place, en les prenant pour des ennemis. Certains chefs de la garnison sont massacrés, d'autres se déguisent en citoyens pour s'échapper, des soldats sont confondus avec des prisonniers et sauvent ainsi leur peau... Et les vrais détenus ? On les a presque oubliés. On ne trouve plus les clefs pour ouvrir les cellules, ces trophées sont déjà portés en triomphe dans la capitale ! On enfonce les portes, on évacue les prisonniers au soleil, à la vue de tous. Les quatre faussaires en profitent pour se fondre rapidement dans la foule. Le comte débauché, après avoir soupé aux frais du peuple, retourne vite dans sa province. Et les deux fous, que l'on promène un temps comme symboles du despotisme, sont promptement claquemurés à Charenton pour ne plus en sortir...

*
* *

1798 : quand la Convention ressuscitait les Jeux olympiques

En cette fin du XVIIIe siècle, l'antique est à la mode et influence les arts comme les esprits. On redécouvre la vertu romaine, on relit les pensées des pères fondateurs, on s'imprègne de l'exemple des Anciens... Tous ces grands principes politiques et moraux sont nourris par la découverte et l'exhumation de ruines, en Italie comme en Grèce, notamment à Olympie. La geste révolutionnaire française ne pouvait que s'emparer de ces symboles pour encourager la renaissance physique de l'homme moderne, du citoyen français chargé de régénérer la patrie... La Révolution, qui raffole des fêtes, trouve dans l'évocation de ces jeux anciens l'occasion d'unifier le peuple autour de valeurs communes.

C'est au député montagnard Gilbert Romme que l'on doit ce curieux projet de rétablir une olympiade, pour célébrer les quatre premières années de la nouvelle République. Les Américains y avaient bien pensé, mais ils se font coiffer au poteau, si l'on peut dire... « Les jeux publics que vous instituerez les rapprocheront de l'olympiade des Grecs ! » s'exclame Romme devant les députés emballés. Dans la foulée, pour commémorer les anciens Jeux olympiques, Danton exige que « la Convention consacre le Champ-de-Mars aux jeux nationaux ». On propose d'ores et déjà de retenir la date du 22 septembre 1796.

Le jour dit, une foule compacte et enthousiaste se presse donc sur le Champ-de-Mars pour acclamer les héros du jour. Pas de compétition internationale à l'époque – la France est encore en guerre avec certaines de ses voisines monarchistes –, mais des épreuves réunissant des citoyens français venus mesurer leurs capacités. Plus de 150 000 Parisiens, un chiffre considérable pour l'époque, se pressent pour assister à plusieurs épreuves sur la grande esplanade complètement réaménagée pour l'occasion.

Près de l'École militaire, des piquets et des cordons tricolores pour les courses à pied ainsi qu'un stade dédié aux courses de chars. Vers la Seine, une vaste arène pour la lutte et un bassin pour les joutes. Entre les deux zones, des portiques composés d'élégantes arcades. Les compétiteurs s'avancent au son des trompettes, vêtus de blanc, avec des ceintures rouges ou bleues. Pendant les épreuves, un orchestre exécute des airs guerriers et salue les victoires successives. La lutte est remportée par un certain Charles-Pierre Oriot, un boucher de 33 ans demeurant rue de la Grande-Truanderie. Cent cinquante citoyens disputent également la course d'endurance que domine la foulée décisive du sergent-major Michel Villemereux, 21 ans.

Suivent les courses à cheval et les courses de chars à l'antique dans le stade, avec des tribunes spécialement conçues sur la grande prairie. Le vainqueur est porté en triomphe vers l'autel de la patrie, où se trouvent déjà les autres héros du jour. Que gagne-t-on dans ces olympiades ? Pas de médailles, mais des prix d'excellence, composés des plus beaux objets de la manufacture française de l'époque, portés devant la foule sur des brancards ornés de verdure : vase, fontaine, sucrier en argent, mais aussi un double fusil, une montre à répétition en diamants, une paire de pistolets, un sabre enrichi d'or, etc. Les festivités sont rythmées, comme il se doit, par de grands banquets servis sous des tentes sur les bas-côtés, avec de nombreux toasts portés, on s'en doute, à la jeune République.

Ces olympiades, qui durent deux ou trois jours, se dérouleront trois années de suite, en septembre 1796, 1797 et 1798, et verront pour la première fois l'utilisation du chronométrage et du système métrique, tout juste adopté. Devant le succès des festivités, un lecteur de la gazette *Le Moniteur* appelle à la création de véritables Jeux olympiques rassemblant cette fois des sportifs de toute l'Europe. Mais la Révolution s'enlise, l'Empire s'affirme, les guerres reprennent… L'ère n'est pas aux festivités internationales ni à la fraternisation des peuples. L'idée est cependant lancée, elle sera reprise par un idéaliste, cent ans plus tard : le Français Pierre de Coubertin. Cette fois, les vrais J. O. vont pouvoir commencer.

*
* *

Jean Jacob, le vieillard qui escroqua la Révolution

C'est l'incroyable histoire d'une magnifique imposture... Le 23 octobre 1789, toute l'Assemblée nationale se lève à l'entrée du vénérable Jean Jacob, 120 ans, né en 1669 dans le « Mont-Jura », soutenu par ses fidèles, appuyé sur des béquilles, venu tout exprès remercier les députés pour avoir « dégagé sa patrie des liens de la servitude », comme l'écrivent les gazettes de l'époque. La réception, courte mais émouvante, s'inscrit dans la propagande révolutionnaire : ce vieillard né sous le règne de Louis XIV, qui a vu celui de Louis XV et survécu à la « barbarie féodale », peut enfin terminer sa vie en homme libre... Dans la foulée, on lance une souscription pour égayer ses vieux jours, un acte qui ravit ses parents proches, devenus peu à peu les véritables Thénardier d'une escroquerie juteuse et bien huilée.

Car dans cette affaire, tout est faux, à l'exception des origines franc-comtoises de l'intéressé. La naissance de Jean Jacob remonterait à 1693 et non 1669, et il serait vraisemblablement le neveu et même le filleul de l'illustre aïeul tant célébré, comme le détaille l'ouvrage

Jean Jacob, l'homme de 120 ans. C'est la fille du neveu, une dénommée Pierrette, qui aurait volontairement vieilli son père, une usurpation d'identité obtenue grâce à un extrait baptistaire qui fit office de preuve pendant des années… Pour quelle raison ? L'éternel appât du gain, la recherche de rentes et de pensions autour du vieillard, transformé en personnage de foire pour rapporter un maximum d'argent…

L'escroquerie se met en route dès 1785, quand Pierrette Jacob, une couturière, fait une demande de pension pour son père Jean, « âgé de 115 ans », qui a passé « plus de cent ans » comme journalier agricole, en y joignant un extrait de baptême rédigé par un curé tout juste arrivé, que l'on a bien pu abuser avec un autre Jean issu de la famille Jacob… L'administration ne pouvant se déplacer, on demande à un avocat de se rendre au chevet du vieillard qui le trouve « sans rides au front, quoique un peu sourd et aveugle… ». Louis XVI lui accorde un don exceptionnel de 1 200 livres et une pension de 200 livres (une vache et son veau en valent 40 à l'époque) : les proches se frottent les mains et arrondissent le pactole en accueillant les curieux qui veulent voir le phénomène, moyennant quelques piécettes… À cela s'ajoute un don sous forme de blé, versé généreusement par la comtesse de Lauragais.

À l'automne 1788, Jean Jacob fait son entrée dans l'Histoire sous la plume du journaliste Cerutti, qui lui consacre un long article dans *Le Journal de Paris*. En visite dans le Jura, on lui parle du vieil homme : il lui rend visite, le met en scène, et rapporte des anecdotes plus ou moins vérifiées. Jacob aurait réglé à lui tout seul un vieux procès entre un seigneur et son village, ou aurait vu un autre aristocrate faire « la chasse aux vilains » en tirant sur des ouvriers à coups de fusil... Autant de témoignages d'une vie passée à endurer les « horreurs féodales » qui emballent les lecteurs de l'époque. Cerutti trouve bien que le vieillard paraît plutôt 80 ans que 119 ans, mais qu'importe : son article fait sensation, et on reprend l'histoire. Jacob devient alors le plus vieux citoyen de France et le « doyen de l'humanité ».

C'est dans ce contexte qu'a lieu le voyage à Paris à la fin septembre 1789, une promesse d'enrichissement rapide pour tout l'entourage du célèbre ancêtre, âgé en réalité de 97 ans – ce qui est déjà exceptionnel au XVIIIe siècle. Après une expédition d'une semaine, qui a certainement dû être éprouvante pour le Jurassien, sa fille Pierrette et ses acolytes l'installent tout près du Palais-Royal, haut lieu du jeu, des plaisirs et de la prostitution parisienne, où on peut également admirer des ombres chinoises, des animaux exotiques et des figures de cire... Un « avis au public », inséré dans la presse, annonce qu'on pourra voir « le vieillard des montagnes du Mont-Jura » de 10 heures à 19 heures, avec une pause entre 14 et 16 heures...

On ne peut pas dire que l'air de Paris va porter chance au vieillard cacochyme. Entre les visites officielles, notamment à l'Assemblée nationale, et l'exposition au public, le pauvre Jacob ne va pas résister quatre mois. En janvier 1790, le moribond s'éteint entouré de ses vautours avant d'être inhumé à Saint-Eustache en grande pompe : 80 prêtres, 40 enfants de chœur portant des cierges, des hommes de la garde nationale qui font retentir une salve... L'ultime coup d'éclat brillant et sonore d'une farce historique.

*
* *

Marie-Antoinette aurait pu sauver sa tête trois fois

Été 1792. La vie des souverains français est plus que jamais menacée. Depuis la folle équipée terminée à Varennes, pour tenter de rejoindre des troupes fidèles aux frontières de l'est, le divorce est consommé avec la nation. On les tient désormais pour inutiles. Le droit de veto du roi irrite au plus haut point les révolutionnaires et précipite le régime vers la république. Claquemurés aux Tuileries, Louis XVI et Marie-Antoinette craignent désormais pour leur personne.

Le 20 juin, une foule d'émeutiers envahit le palais et défile devant la famille royale apeurée en brandissant un cœur de bœuf sanguinolent censé représenter celui de Louis XVI et une poupée attachée à une lanterne… Le roi et le dauphin portent le bonnet rouge, la reine fait face aux quolibets. On vient voir de près « la femelle du royal veto », cette femme « laide, ridée, fanée, hideuse ». Aux yeux du peuple des faubourgs, la monarchie n'incarne déjà plus rien. La panique gagne les souverains, mais vers qui se tourner ? Une fuite semble impossible, à moins d'avoir de solides alliés dans la place.

Justement, la proposition viendra de La Fayette lui-même, fervent défenseur d'une monarchie constitutionnelle. Le général estime que la Révolution, entraînée par la faction jacobine, va désormais trop loin. Il échafaude un plan simple mais efficace : le roi préside la prochaine cérémonie du 14 juillet, comme prévu, avant de fuir Paris avec sa famille, protégé par des cavaliers fidèles et des Suisses, pour rejoindre le palais de Compiègne, loin de la capitale, de la populace et de ses excès... Si Louis XVI hésite, Marie-Antoinette refuse : pas question de faire confiance à ce La Fayette, qu'elle exècre. Plutôt attendre les troupes prussiennes afin de rétablir l'Ancien Régime. D'ailleurs, la reine a reçu des nouvelles encourageantes de l'étranger : elle continue à correspondre avec le fidèle comte de Fersen, son ancien ami – et amant – suédois, qui lui garantit que des troupes étrangères se préparent à marcher sur Paris pour balayer la Révolution. On attendra donc. Première occasion manquée.

Un mois plus tard, la crise s'est aggravée : après la prise des Tuileries, la famille royale quitte le palais en catastrophe pour être enfermée au Temple, tandis que la république est proclamée dans la foulée. À quoi peut bien servir un roi dans ce nouveau régime sans couronne ? On poursuit Louis Capet pour crimes contre la Révolution après avoir découvert sa correspondance secrète, avant de le condamner à mort en janvier 1793. Il reste dix mois à vivre à Marie-Antoinette... Et pourtant, en janvier, une deuxième possibilité d'échapper à ses bourreaux s'offre à elle.

Deux officiers municipaux, Toulan et Lepitre, attendris ou corrompus par des agents royalistes, mettent au point un projet d'évasion : ils connaissent par cœur les issues et les habitudes du Temple, et proposent de faire sortir la reine et sa belle-sœur Élisabeth, habillées en gardes nationaux, pendant que ses enfants prendront les habits des allumeurs de lanternes. Puis direction Dieppe et l'Angleterre. On traîne, on hésite, si bien que la sécurité du Temple est revue et le personnel changé. Impossible de partir tous, on presse alors la souveraine de s'enfuir seule, mais elle refuse d'abandonner ses enfants. « Nous avons fait un joli rêve, voilà tout », écrit-elle au chevalier de Jarjayes, son contact à l'extérieur du Temple.

Troisième et dernière tentative, plus aléatoire celle-là, celle d'un certain Alexandre de Rougeville, qui entre en contact fin août avec la reine par l'entremise de son geôlier, grassement payé pour servir d'intermédiaire. Ce chevalier est bien décidé à sauver la souveraine des griffes des Jacobins. Il est plus que temps : la Convention a décidé de traduire « l'Autrichienne » devant le tribunal révolutionnaire. Affaiblie physiquement par des pertes de sang continues, minée moralement par sa séparation d'avec son fils, la reine n'est plus que l'ombre d'elle-même : âgée de 37 ans, elle en paraît quinze de plus et croupit désormais à la Conciergerie, où elle a été transférée. C'est là qu'Alexandre de Rougeville, un ancien chevalier de l'ordre de Saint-Louis, parvient à l'approcher en laissant tomber au sol un œillet qui contient un message lui assurant l'imminence d'une évasion. Il est prévu d'acheter des gardiens avec des louis d'or et plusieurs milliers de livres d'assignats, de quitter la Conciergerie début septembre et de rejoindre l'étranger. La reine ramasse l'œillet, prend connaissance du complot et entreprend de répondre à Rougeville en piquant le billet à l'aide d'une épingle – le crayon lui est interdit.

Qu'a-t-elle vraiment compris ? Le projet était-il vraiment fiable ? Quoi qu'il en soit, l'un des gardiens craque au dernier moment, le message est intercepté et le « complot de l'œillet » échoue à son tour. Il est désormais trop tard, le sort de Marie-Antoinette est déjà scellé : pas question pour Robespierre d'échanger ou de vendre la liberté de la « veuve Capet », d'autant que son fils – le fameux Louis XVII – est également otage. Ce dernier complot précipite sa chute : plus rien ne peut sauver la reine.

*
* *

L'Élysée, chambres à louer

En 1797, l'Élysée n'est plus que l'ombre de lui-même… L'ancien hôtel d'Évreux, racheté par la princesse Bathilde d'Orléans, a déjà connu moult propriétaires, dont Madame de Pompadour, la brillante maîtresse de Louis XV, et un banquier richissime, Nicolas Beaujon, qui l'a rénové selon ses désirs, avec salle de billard, petite ménagerie et parc à l'anglaise. Sous la Terreur, la demeure servit même d'imprimerie nationale, avec ses machines vissées sur le parquet, avant de devenir une salle de vente aux enchères, où le mobilier des suspects passait de main en main… Étant donné que les jardins restent ouverts au public, cela donne des idées aux nouveaux locataires des lieux, les Hovyn, des parvenus belges nouvellement enrichis par les soubresauts de la Révolution : pourquoi ne pas faire des lieux une salle des fêtes géante avec attractions, concerts et bals payants ?

Voilà l'Élysée devenu soudain le lieu à la mode. Après des mois terribles où on pouvait perdre la tête pour un rien, Paris revit et s'enivre de fêtes : pour 3 livres l'entrée – une somme rondelette pour l'époque –, Merveilleuses et bourgeois peuvent déambuler dans des jardins aménagés, danser sur le parquet rénové, jouer à la roulette, déguster une glace ou un café, assister à des spectacles de marionnettes – *Les Guignols de l'info* de l'époque – ou bavarder sous les frondaisons dès les beaux jours. Lors de l'inauguration, en juin 1797, les Hovyn ont même l'idée de faire décoller un ballon des jardins avec un mouton dans la nacelle, qui s'ouvrit soudain pour le faire redescendre en parachute ! C'est Disneyland avant l'heure.

Malheureusement, les recettes ne suivent pas... Loin de se décourager, nos entrepreneurs belges élargissent l'offre en proposant des cycles de conférences, avec abonnement préférentiel pour ces dames, histoire de faire venir les messieurs. Pour le prix – 300 livres par an tout de même –, on peut également accéder à la bibliothèque, flirter dans les salons et les jardins sans être inquiété, tout en parlant littérature. Les plus fauchés se rabattent sur des bains alimentés par la rivière et font trempette pour 15 sous... Bref, l'ancienne demeure aristocratique devient vite un haut lieu de la drague parisienne, ce qui n'est guère étonnant puisque les bosquets des Champs-Élysées, tout proches, accueillent déjà nombre de prostituées.

Jusqu'où Hovyn est-il allé dans le libertinage ? On peut tout imaginer puisque des bals masqués deviennent le rendez-vous de toute une faune et que l'on peut louer des chambres privées à l'étage, avec room service sur mesure… Le Directoire finit par taper du poing sur la table quand le taulier belge décide soudain de refaire le coup de l'aéronef avec, cette fois, un couple dans la nacelle pour attirer les badauds. Le spectacle est interdit pour « indécence », les dettes s'allongent, la fille Hovyn reprend l'affaire, renomme les lieux Hameau de Chantilly, y organise des spectacles et des danses champêtres avec les petites employées du quartier déguisées en villageoises et loue des baraques à frites sur l'avenue Marigny pour arrondir ses fins de mois…

Mais comme l'argent ne rentre pas encore assez vite, on finit par transformer l'hôtel particulier en immeuble de rapport, avec une quinzaine de logements aménagés dans les différentes pièces et proposés à la location. L'Élysée sommeille ainsi jusqu'au début du XIXe siècle en attendant sa bonne fée : Caroline Murat, sœur de Napoléon Ier, l'achète en 1805 avec son époux pour en faire son palais, lui donnant en grande partie le lustre qu'on lui connaît aujourd'hui.

*
* *

1798 : l'année où la France et les États-Unis sont quasiment en guerre

Il s'en est fallu d'un cheveu pour que la France et les États-Unis s'affrontent officiellement dans une guerre fratricide à la fin du XVIIIe siècle. À cette époque, les deux pays vont se déchirer dans des combats navals de part et d'autre de l'Atlantique, déplorant plusieurs centaines de morts et de blessés, sans jamais basculer dans le conflit ouvert. Mais comment a-t-on pu en arriver là, sachant qu'une vingtaine d'années plus tôt, la France de Louis XVI avait aidé les *insurgents* américains à s'imposer face aux colons britanniques, faisant d'elle le premier pays allié de cette jeune nation ?

En réalité, l'amertume a succédé aux premières amours... La France révolutionnaire se plaint vite de l'ingratitude des Américains : leur dette colossale (plus de 30 millions de livres) tarde à être payée, le déficit commercial se creuse avec le pays allié, qui impose en plus aux navires français un droit d'entrée de 50 *cents* par tonneau dans ses ports – soit autant que pour les Anglais, leurs anciens colonisateurs... Et quand la guerre éclate entre la France et les monarchies britannique et espagnole, les tensions s'accélèrent : la jeune nation américaine, prudente, adopte la neutralité, ce qui ne l'empêche pas de se retrouver entraînée dans la tourmente, notamment quand la France décide d'interdire à tout navire de quitter ses ports s'il est chargé de produits nécessaires au pays – une centaine de bateaux américains sont ainsi bloqués à Bordeaux. Sans compter les corsaires français qui opèrent sur les côtes américaines pour arraisonner les navires britanniques, espagnols et neutres – donc américains – pour confisquer vivres et marchandises...

Pris entre plusieurs feux, les États-Unis, encore très fragiles, cherchent donc rapidement à s'entendre avec leurs puissants voisins, à savoir les Anglais au Canada et les Espagnols présents aux Florides et en Amérique du Sud. Pour préserver leurs intérêts commerciaux, les Américains vont jusqu'à signer en 1794 avec les Britanniques le traité de Jay puis, un an plus tard, avec l'Espagne, le traité de San Lorenzo, gagnant la libre navigation sur le Mississippi. Pour les Français, c'est la goutte d'eau de trop : le gouvernement du Directoire estime l'alliance de 1778 désormais caduque, et l'opinion publique s'enflamme. « De toutes les puissances neutres et amies, il n'en est aucune de qui la France fût en droit d'attendre plus d'intérêts et de secours que les États-Unis, peut-on lire ainsi dans *Le Moniteur universel*. Elle est leur véritable mère patrie, puisqu'elle a assuré leur liberté et leur indépendance. En fils reconnaissants, loin de l'abandonner, ils devraient s'armer pour sa défense. »

C'est dans ce contexte que Talleyrand, alors ministre des Affaires étrangères, ouvre des négociations avec des émissaires américains venus en France. Mais l'affaire tourne au scandale quand on apprend que le diable boiteux s'appuie sur trois agents – désignés sous les trois lettres XYZ – pour approcher les délégués et exiger au passage des pots-de-vin considérables pour leur ministre… « Sous la plume des Américains, cette exigence symbolisait à elle seule la corruption de l'Ancien Monde, et singulièrement de la France, autant que son mépris pour la jeune république », juge l'historien Éric Schnakenbourg, qui a consacré un livre très documenté sur cette période, *La Quasi-Guerre*.

Le conflit semble alors inévitable : les relations diplomatiques sont rompues, les Américains brûlent des effigies de Talleyrand, on craint le débarquement d'une armée française de 30 000 hommes… En 1798, le président John Adams envisage sérieusement la déclaration de guerre : il fortifie les ports, double les effectifs de l'armée, stocke du matériel militaire et obtient du Congrès le financement d'une marine de guerre – les débuts de la fameuse US Navy, qui compte rapidement une quarantaine de bâtiments, armés notamment avec des canons… anglais. Avec ordre de poursuivre et de capturer tout navire français qui croise sur les côtes – mais sans aller jusqu'à déclarer la guerre.

Dès lors, la bataille s'intensifie sur les mers, la flotte américaine tentant de riposter aux attaques des corsaires français. C'est ainsi qu'en juillet 1798, le *Delaware* parvient à capturer le *Croyable* sur les côtes du New Jersey, avant d'intercepter un mois plus tard le *Jaloux* au large de Porto Rico, puis le *Sans Pareil* vers la Martinique. À la fin de l'année, les corsaires français ont fui le littoral américain, mais continuent leurs raids aux Antilles. Au total, les Américains vont prendre une centaine de bâtiments français, tandis que les corsaires du Directoire ont pris un millier de navires US, faisant au moins 1 300 morts…

L'arrivée de Bonaparte au pouvoir en 1799 change la donne. Le nouvel homme fort souhaite rétablir la paix, et notamment le commerce dans les Antilles. Quant aux Américains, ils ne veulent plus entendre parler des activités corsaires. La convention, ou traité de Mortefontaine, signée en septembre 1800, met fin à cette « quasi-guerre », comme l'appellent les historiens. Trois ans plus tard, Napoléon lève toute menace en cédant la Louisiane aux États-Unis pour 80 millions de francs. Une belle affaire pour le nouveau président Jefferson, qui double ainsi la superficie de son pays. Sachant qu'un quart de la somme ne sera pas versé, en guise de dédommagement pour les pertes subies par les marchands américains pendant ces années de « demi-guerre ».

*
* *

Comment Napoléon surveillait les Français

Jeune officier, Bonaparte avait assisté à la chute vertigineuse des Bourbons, balayés par la Révolution. Une fois parvenu au pouvoir, pas question pour lui de se laisser déborder par des oppositions internes, encore moins par l'opinion publique, d'autant qu'il passe une grande partie de son temps sur les champs de bataille, à guerroyer contre les grandes puissances européennes. Il ambitionne alors de créer un vaste réseau de renseignement à ses ordres. À la tête de la police, l'indispensable Fouché, qui surveille la capitale, tire les ficelles et entretient ses réseaux, notamment avec son âme damnée, Pierre-Marie Desmarest, chargé de la haute police, l'équivalent de nos renseignements généraux – la surveillance extérieure étant sous la responsabilité de Talleyrand, l'autre homme fort du régime. Rapports, bulletins de la police générale, lettres interceptées, rumeurs et dénonciations, autant d'informations confidentielles qui sont méthodiquement triées et remontent, pour les plus importantes d'entre elles, au fameux cabinet de l'Empereur, le saint des saints. S'ajoute également le fameux « cabinet noir », uniquement dédié au renseignement diplomatique, avec des employés des postes parlant plusieurs langues, triés sur le volet, qui se succèdent de père en fils.

Sur le terrain, une vaste organisation sécuritaire est à l'œuvre. Elle s'appuie surtout sur les préfets, ces sortes de mini-gouverneurs inspirés de l'Ancien Régime que Napoléon établit dans tous les départements. Ils ont la main sur la police – *via* les maires des villes qui sont nommés – et commandent également les brigades de gendarmerie qui maillent les territoires ruraux et captent nombre de renseignements. Pour Napoléon, qui compte des ennemis à la fois chez les royalistes, les militaires et les jacobins – il fut l'objet d'une vingtaine d'attentats –, cette surveillance recoupée par différents corps est « la manière la plus efficace de maintenir la tranquillité d'un pays ». Et d'ajouter : « C'est une surveillance moitié civile, moitié militaire, répandue sur toute la surface, qui donne les rapports les plus précis. »

En pratique, la police peut compter notamment sur des mouchards, ces citoyens rétribués à la dénonciation pour surveiller leurs voisins et rapporter des informations de toutes sortes – 300 recensés à Paris sous l'Empire. Il s'agit d'une armée de l'ombre très bigarrée qui comprend des concierges, des cabaretiers, des domestiques, des habitués des salons en vue, les employés de la voirie de Paris, des indics de prison… « C'est à cette époque que se met en place la pratique de l'infiltration de la préfecture de police de Paris, à savoir recruter dans la société des agents pour les envoyer dans les milieux séditieux, explique l'historien Gérald Arboit, auteur du livre *Napoléon et le renseignement.* C'est sous l'Empire que la préfecture développe des méthodes qui vont rester et feront école puisque les Anglais ou les Allemands, dans les années 1850 ou 1870, vont venir apprendre comment on maintient l'ordre dans une grande capitale… » Les préfets, quant à eux, étaient tenus d'envoyer à Fouché une statistique précise de la situation sécuritaire dans les départements sur l'opinion, la presse, les théâtres, les délits, les subsistances, le commerce, les cultes et les émigrés.

À cela s'ajoute la mise en place d'un contrôle des mobilités pour surveiller de près les étrangers de passage, mais également les ouvriers itinérants, soupçonnés de développer le vagabondage dans le pays. Dès 1803, l'Empire impose le livret ouvrier obligatoire, une façon de freiner le nomadisme de la main-d'œuvre et de contrôler une forme de marginalité sociale. Pour les voyageurs, les services de police créent deux passeports :

l'un pour circuler dans l'Empire, délivré par les maires pour 2 francs, et l'autre pour voyager au-dehors, coûtant 10 francs et remis par les préfets. Quant au port d'arme, il est sévèrement encadré par une autorisation préfectorale.

Pour financer cette organisation policière, le méthodique Napoléon a recours à de multiples expédients parfois originaux : outre les recettes liées à la délivrance des passeports et des ports d'arme, la police tire profit un temps de la contrebande de marchandises anglaises ou de l'utilisation de la fausse monnaie saisie au cours des opérations de terrain... On apprend également que l'Empereur n'hésite pas à demander à Pierre-Marie Desmarest de fabriquer des florins autrichiens, des roubles, des thalers prussiens ou encore des livres sterling pour des sommes dépassant les 10 millions de francs, directement versés aux fonds secrets qui rémunèrent les agents sur le terrain. Enfin, dernière solution, très rémunératrice : prélever une part sur les maisons de jeu de l'Empire, sachant que celles de Paris font l'objet d'un bail annuel de 3,5 millions de francs. L'argent n'ayant pas d'odeur, comme chacun sait, le vice se mettait ainsi au service de l'ordre...

*
* *

Décembre 1804 : le jour où le pape refuse de sacrer Napoléon

C'est le genre d'anecdote qui pimente notre histoire de France… Le 1er décembre 1804, tout est fin prêt pour le sacre de Napoléon Ier. Tout ? Sauf l'essentiel : l'Empereur n'est pas marié religieusement et, quand le pape, venu spécialement de Rome, apprend la nouvelle, c'est la goutte d'eau : il refuse tout simplement de mettre les pieds dans la cathédrale Notre-Dame. Passent encore les petites humiliations qu'on lui a fait subir depuis son arrivée, mais sacrer un couple illégitime, bénir des souverains concubins en état de péché mortel, cela relève à ses yeux d'une farce qu'il refuse de cautionner.

Napoléon Ier est pourtant bien marié, mais civilement. Il a épousé Joséphine à la va-vite en mars 1796 à la mairie du IIe arrondissement de Paris, sise dans l'hôtel de Mondragon. Lui est fou amoureux, elle cherche surtout un appui pour renflouer ses finances et assurer l'avenir de ses deux enfants. Mais l'union n'a été suivie d'aucune cérémonie à l'église, la France post-révolutionnaire étant en pleine déchristianisation et plus personne ne s'encombrant d'une bénédiction religieuse. Joséphine a tenté plusieurs fois, en vain, de convaincre Napoléon de passer devant un prêtre, sachant qu'un mariage religieux serait plus délicat à rompre…

Comment le pape découvre-t-il le pot aux roses ? C'est Joséphine elle-même qui vend la mèche. En 1804, cette aristocrate est au sommet de sa gloire, elle s'apprête à ceindre la couronne, mais elle sait sa position mal assurée. Elle est plus âgée que Napoléon, son mari collectionne les maîtresses – ce qui la rend agressive et jalouse – et, pire, elle est devenue stérile, sans doute en raison d'une salpingite.

À cela s'ajoute la haine du clan Bonaparte, qui la trouve « fausse » et vénale, regardant avec envie l'or et les biens gonfler son patrimoine… « Ils la détestent, ils l'appellent "la vieille", explique l'historien Pierre Branda, auteur d'une excellente biographie de l'impératrice. Ils s'en méfient, elle a son réseau, affiche une vraie prestance, ils ont un complexe d'infériorité… Et ne supportent pas de voir Napoléon mettre sur un plan d'égalité les Beauharnais et les Bonaparte. Joseph pousse d'ailleurs son frère à divorcer dès cette époque. Mais Napoléon estime qu'elle doit partager la gloire avec lui. Il tranche : "Elle sera couronnée !, dût-il m'en coûter 200 000 hommes !" »

Joséphine, fine mouche, a bien compris combien le sacre pouvait servir ses intérêts. Elle est assez proche du pape, qui l'appelle sa « bonne fille », ils correspondent depuis plusieurs mois. Et quand Sa Sainteté arrive à Paris fin novembre 1804, c'est tout naturellement qu'il lui accorde des audiences privées. Au cours de l'une d'elles, Joséphine passe à confesse et lui avoue qu'elle n'est pas mariée religieusement. Le pape accuse le coup, rappelle que le droit canon ne reconnaît pas le mariage civil et fait savoir à l'Empereur que sa participation au sacre est désormais impossible, qu'il ne peut « procéder à la triple onction d'une épouse illégitime ».

Napoléon est piégé : la France et l'Europe ont les yeux tournés vers Notre-Dame, impossible de retarder ou d'annuler la cérémonie. Et comment expliquer l'absence du pape, venu tout exprès ? Impossible également d'escamoter Joséphine, il faudrait entrer dans des détails d'ordre privé qui pourraient très vite faire les choux gras des gazettes européennes… Bref, l'affaire sent vraiment le roussi.

L'Empereur n'a pas d'autre choix que d'organiser rapidement son mariage religieux. Un autel est improvisé dans son cabinet aux Tuileries. L'affaire doit rester secrète, il n'y a pas d'invités, le pape donne les dispenses nécessaires sans faire d'histoires… Et le 1er décembre, vers 16 heures, Napoléon est uni devant Dieu à Joséphine au cours d'une rapide cérémonie célébrée par son oncle, le cardinal Fesch, en présence de seulement deux aides de camp – sans doute Berthier et Duroc. Des noces vite expédiées qui permettent d'éviter le scandale.

Joséphine a gagné une manche, mais pas la partie. Le lendemain, elle triomphe sous les voûtes de la cathédrale dans sa robe de satin blanc semée d'abeilles d'or, aux manches enrichies de diamants, le tout recouvert de son lourd manteau pourpre doublé d'hermine. Mais cinq ans plus tard, Napoléon impose le divorce. La dynastie exige un enfant, Joséphine est sacrifiée. On trouve alors des prétextes et des arguments fallacieux pour rompre le serment échangé aux Tuileries. « Mais elle a gagné la bataille de l'image, juge son biographe Pierre Branda :

dans le grand tableau du sacre, elle intrigue avec le peintre David pour se retrouver au centre, ce qui donne une vraie élégance à la cérémonie. Ce jour-là, Joséphine rayonne : elle est mariée, couronnée, sacrée devant le pape. Et devient une icône mondiale. »

*

* *

Ali-Bonaparte ou la tentation de l'islam

« J'aime mieux la religion de Mahomet, elle est moins ridicule que la nôtre », confia l'Empereur au soir de sa vie au baron Gourgaud. Une confession qui fit longtemps gloser sur le réel attrait de Napoléon pour l'islam, même s'il avait toujours confessé son appartenance à la religion catholique – sa mère était très pieuse et il assistait encore à la messe lors de son exil à Sainte-Hélène. Mais l'homme a toujours été intéressé par l'islam : dès son adolescence, le jeune militaire se plonge dans le Coran, et à 20 ans il écrit une nouvelle s'inspirant de Mahomet, *Le Masque prophète*, dans laquelle il raconte le destin d'un religieux qui soulève les peuples…

Quand Bonaparte arrive en Égypte pendant l'été 1798, envoyé par le gouvernement du Directoire qui craint désormais cet ambitieux général, il connaît bien la religion du pays à conquérir et se montre d'emblée soucieux de la respecter. Avant même le débarquement, il prévient ses hommes en leur demandant de faire preuve d'ouverture et de tolérance : « Les peuples avec lesquels nous allons vivre sont musulmans, lance-t-il à ses officiers et soldats. Ayez des égards pour leurs imams comme vous en avez eu pour les rabbins et les évêques… » Et dès qu'il met le pied à Alexandrie, il prend soin de rassurer les populations locales, qui vivent sous l'autorité des mamelouks, laissant croire qu'il se fera bientôt mahométan : « On dira que je viens détruire votre religion, ne les croyez pas, proclame-t-il. Réponds que je viens vous restituer vos droits, punir les usurpateurs, et que je respecte […] Dieu, son prophète et le Coran ».

Après avoir brisé les mamelouks du sultan Mourad Bey, il prend sans hésiter les atours d'un despote local, raconte l'historien Dimitri Casali qui s'intéresse à la psychologie de l'Empereur dans son livre *Napoléon sur le divan*. « Napoléon se met à porter le costume oriental, notamment pour la grande fête du Nil, en août 1798, ce qui amuse beaucoup son état-major, notamment ses généraux Murat et Lannes qui éclatent de rire… Le peuple l'appelle rapidement "le sultan El-Kébir", un surnom qui lui restera longtemps, et le conseil du diwan lui attribue le titre d'Ali-Bonaparte. Lui-même se fait appeler "digne enfant du Prophète" et "favori d'Allah"… ». Son attachement aux rites locaux ira même assez loin puisqu'en juillet 1799, le général français proclame quasiment son adhésion à la foi musulmane avec ce qui ressemble à une *shahada*, une véritable profession de foi : « Il n'y a pas d'autres dieux que Dieu et Mahomet est son prophète ! » affirme-t-il devant les populations locales.

Comment interpréter ces actes ? La *shahada* se doit d'être sincère pour être effective, et sur ce point, Bonaparte a plus fait preuve d'opportunisme que de conviction… « C'est le prince des caméléons, le génie de la com, rappelle Dimitri Casali. On est alors à la veille de la bataille d'Aboukir, le général a plus que besoin du ralliement et de la confiance des locaux pour faire face aux forces ottomanes qui attaquent l'Égypte, un combat qu'il finira par emporter haut la main. » Quand il reviendra en France, pour confisquer le pouvoir, il montrera le même pragmatisme afin de rallier à lui les catholiques en signant le concordat avec le pape Pie VII en 1801, après les exactions révolutionnaires, puis en se faisant sacrer à Notre-Dame, toujours en présence du pape. Mais lorsque ce dernier finira par l'excommunier, il n'hésitera pas à l'enfermer pendant cinq ans, preuve que la politique a toujours pris le pas sur la religion. Selon lui, elle n'est qu'un moyen pour asseoir son pouvoir et garantir l'obéissance des citoyens : « Une société sans religion est comme un vaisseau sans boussole », disait-il.

La France était catholique, va pour le catholicisme… Mais s'il avait conquis l'Orient et l'Inde, comme il en rêvait, il aurait tout aussi bien adopté d'autres dieux pour consolider son trône, en évitant tout fanatisme, ce qu'il détestait, en digne héritier des Lumières – il supprima l'Inquisition en Espagne. « C'est en me faisant catholique que j'ai fini la guerre de Vendée, déclarait-il en 1800, en me faisant musulman que je me suis établi en Égypte, en me faisant ultramontain que j'ai gagné les esprits en Italie. Si je gouvernais le peuple juif, je rétablirais le temple de Salomon… » On ne peut être plus clair.

*
* *

Les magouilles financières du couple impérial

« Menteuse et dépensière au dernier degré. » Voilà l'opinion qu'avait Napoléon de Joséphine, quand il se souvenait d'elle en exil à Sainte-Hélène. De son côté, l'impératrice des Français, coquette et frivole, n'a jamais fait beaucoup d'efforts pour freiner ses achats... Joséphine a toujours aimé l'argent, non pas pour thésauriser, mais pour la puissance et l'indépendance qu'il lui offrait.

Elle a finalement toujours couru après, se montrant une redoutable négociatrice, récupérant l'héritage de sa mère, fréquentant les puissants de l'époque du temps de son veuvage, avant de décrocher la timbale en épousant Napoléon. Très vite, l'or coule à flots avec les conquêtes en Italie puis l'avènement du Consulat. « Elle a toujours multiplié les petits et les gros trafics, fait de l'agiotage, pris ses commissions, d'abord dans le dos de Barras, puis dans celui de Napoléon, explique son biographe Pierre Branda. Il s'en doutait, forcément, mais il préférait fermer les yeux... »

Il faut dire qu'il y a beaucoup de dettes à régler : le domaine de Malmaison, constamment en travaux, plusieurs centaines de domestiques, les dîners d'État, les toilettes et les diamants pour asseoir son rang de première dame du Consulat… Déjà deux millions de passif. Comme Napoléon a la main sur tous les comptes, difficile de tricher ouvertement. Alors elle ruse, comme d'habitude. Quand elle porte une nouvelle parure, payée sur des commissions, elle invente un mensonge pour gagner du temps. Quand elle en gage une autre, elle supplie le joaillier Foncier de la lui rendre illico, pour donner le change le temps d'une soirée et prouver qu'elle l'a encore dans ses coffres à un Napoléon très méfiant… Jouant de sa situation, Joséphine reporte dette sur dette, ou convainc son réseau de lui avancer de l'argent pour régler d'autres débiteurs.

Avec l'Empire, c'est le jackpot ! Napoléon touche le même revenu que Louis XVI, à savoir 25 millions par an, et se déleste de 480 000 francs pour les besoins personnels de l'impératrice des Français. Il estime cela largement suffisant, lui-même se montrant assez pingre, dépensant peu, portant toujours les mêmes chemises et pantalons, mettant beaucoup de côté, remplissant son bas de laine comme un petit-bourgeois corse. Joséphine, elle, voit les choses en grand : elle se noie dans le luxe, parfums de Chardin, porcelaine de prix, meubles précieux, joyaux, accessoires de mode, robes de soie… L'inventaire annuel de sa seule garde-robe prenait parfois deux semaines de travail ! En 1808, on dénombre une cinquantaine d'habits de cour, près de 680 robes, 500 châles ou fichus, plus de 1 000 paires de gants et près de 800 paires de chaussures !

« C'était presque un jeu entre eux, reconnaît Pierre Branda. Ils étaient de la même trempe, ambitieux, jaloux, dominateurs, mais chacun dans sa partie : à lui le pouvoir, à elle la parade, Mars et Vénus réunis, tous deux finalement très complémentaires. Napoléon voulait qu'elle soit le joyau de sa cour, pour écraser toutes les autres. Et Joséphine ne se faisait pas prier… Il sait qu'elle va déraper, mais il ne la freine pas. Jusqu'au jour où les dettes explosent. » L'Empereur, qui aime les comptes tirés au cordeau, ne souffre aucun dépassement et déteste qu'on vienne mendier. Alors Joséphine fait comme autrefois : elle triche et dissimule. Et quand les dettes sont trop importantes, elle fait sonner le tocsin par un tiers. « Elle me connaissait bien et n'a jamais rien demandé pour ses enfants, rapporta l'Empereur. Elle ne sollicitait pas d'argent, mais me faisait des millions de dettes. » Par deux fois en moins de cinq ans, elle se retrouve en faillite complète avec plus de 1,5 million de passif. Napoléon crie, s'emporte, elle pleure, il craque, car ce cœur d'artichaut ne supporte pas les larmes de sa Joséphine. Il finit par rembourser, exigeant une ristourne de 20 % chez tous les fournisseurs. Non négociable, cela va sans dire.

Lors du divorce, Napoléon se montre généreux et accorde à Joséphine une pension annuelle de 3 millions – un général de brigade gagne 25 000 francs par an. Une somme colossale, mais qui lui suffira à peine, sa seule écurie lui coûtant 250 000 francs par an ! À la chute de son ex, elle négocie habilement son avenir par l'entremise de l'homme fort du moment, le jeune tsar Alexandre Ier, nouveau maître de Paris avant l'avènement de Louis XVIII. Joséphine conserve son rang et obtient un traitement d'un million de francs annuel, pendant que Napoléon file vers l'île d'Elbe. C'est nettement moins que sous l'Empire, mais cela reste très confortable. Elle n'en profitera pas : en multipliant les réceptions en robe de soie ou de mousseline, elle prend froid et meurt au printemps 1814 d'une infection pulmonaire. Quarante ans plus tard, le fils du joaillier Pitaux venait encore frapper à la porte du palais de Napoléon III pour réclamer le paiement d'une vieille dette laissée par la grand-mère du nouvel empereur…

*
* *

Quand Joséphine vivait avec son orang-outan

On connaît son goût pour le pouvoir, la mode et le luxe… Mais on oublie que l'impératrice, née en Martinique, avait aussi une véritable passion pour la nature et les animaux exotiques. À l'image des anciens suzerains qui avaient tous une ménagerie près de leur palais, Joséphine a tenu à se constituer un zoo privatif dans le parc de son domaine de Malmaison, aux portes de Paris. Acheté sous le Directoire, le château n'a cessé de s'agrandir à mesure que le couple Bonaparte gravissait les marches du pouvoir…

Extension des bâtiments, aménagement du parc, l'épouse du Premier consul s'occupe de tout, en témoignant un véritable engouement pour la faune et la flore des contrées lointaines, comme si la créole n'était jamais parvenue à faire le deuil de son île natale, la Martinique. « Ce que souhaite par-dessus tout Joséphine, c'est de reproduire certaines espèces exotiques ramenées des expéditions lancées aux quatre coins du monde par Napoléon, explique Marie Petitot, autrice de *Royales passions*. Chaque cargaison rapporte son lot de bêtes insolites et des animaux domesticables arrivent dans le parc de Malmaison. » On construit des enclos spécifiques où se prélassent des gnous, des kangourous, des gazelles d'Égypte, des lémuriens de Madagascar et même des lamas péruviens qui embrassent parfois Sa Majesté sur la joue…

Un jour, le gouverneur de la Martinique lui expédie une femelle orang-outan, vite adoubée par l'impératrice, qui n'hésite pas à l'exhiber à ses côtés, d'autant qu'elle multiplie grimaces et facéties. « Lorsque quelqu'un s'approchait de la chaise où elle était assise, c'était une curieuse chose que de la voir ramener sur ses cuisses les pans de sa longue redingote, prendre pour saluer un maintien plein de décence et de modestie, écrit dans ses Mémoires mademoiselle Avrillion, première femme de chambre de l'impératrice. Elle mangeait à table, et se servait fort adroitement du couteau et de la fourchette, surtout pour découper des navets, mets dont elle était folle. Quand elle avait dîné, une de ses grandes joies était de se couvrir le visage avec sa serviette, puis de l'ôter en faisant mille grimaces risibles. »

La voilà qui attrape une maladie intestinale, on la couche dans un lit, avec une chemise et une camisole. Elle reçoit ainsi les visiteurs, la couverture tirée jusqu'au menton, tendant sa main aux personnes qu'elle reconnaît, telle une archiduchesse. Elle raffole des tisanes sucrées et, en tenant la tasse avec ses mains, boit à petites gorgées « en témoignant une satisfaction inexprimable », avant de se recoucher tranquillement. Mais le climat parisien finit par lui être fatal et, malgré tous les soins, la pauvre bête dépérit lentement.

Joséphine se lance également dans des expériences, en relation étroite avec les savants du Jardin des Plantes. Elle leur offre un jour un zèbre femelle pour qu'on l'accouple avec un âne de Toscane… Les scientifiques lui feront parvenir un tableau du « métis » ainsi créé, en guise de souvenir. Partout, les animaux sont les maîtres, dans le parc comme dans les salons du château, égayés notamment par les oiseaux exotiques. Elle emplit ses volières avec des hoccos de Guyane, des promérops à longue queue, des aras à ailes vertes, des casoars, des perruches… Dans le parc, on peut croiser une autruche, des faisans dorés de Chine, un vautour indien et des cygnes noirs d'Australie, qui s'acclimatent parfaitement dans l'étang parisien.

La cohabitation avec cette ménagerie éclectique n'est pas toujours de tout repos. L'un des cacatoès amuse son monde en donnant du « Madame Bonaparte ! » à tout bout de champ. Un perroquet insolent agace même l'Empereur avec ses « Bonaparte, Bonaparte ! » tout aussi intempestifs, notamment pendant l'heure des conseils. « Un jour, l'Empereur s'informa sur l'indiscret oiseau assez hardi pour l'appeler si familièrement », rapporte mademoiselle Avrillion. On décide d'éloigner le volatile lorsque le maître du monde reçoit ses ministres…

Napoléon n'en reste pas là. Dès l'année 1805, effrayé par les dépenses croissantes de la Malmaison, il demande à son épouse de réduire les frais et de renvoyer ses animaux. Joséphine obtempère et en place une grande partie au Muséum d'histoire naturelle, même si, après son divorce, elle continue de s'occuper de son parc et de ses bêtes. À sa mort, on recensait encore un lémurien, un kangourou et un lama dans le zoo de luxe qui faisait sa fierté.

*
* *

Comment les jeunes Français resquillaient pour éviter les guerres de l'Empereur

À toute époque, les jeunes générations ont tenté d'éviter d'aller se faire tuer au combat... Surtout quand les guerres se faisaient intenses, comme sous l'Empire, où bon nombre de Français allaient employer tous les moyens possibles pour ne pas aller mourir sur les champs de bataille de Napoléon Ier. Rappelons que si ces cas de résistance, d'insoumission ou de désertion étaient bien réels, ils étaient cependant loin d'être majoritaires – près de 2,4 millions d'hommes ont servi dans les rangs de l'armée de 1792 à 1815, un chiffre considérable.

Pour les jeunes Français, le système d'enrôlement date du Directoire, juste avant l'Empire : les hommes âgés de 20 à 25 ans sont tenus de se faire recenser, avant d'être convoqués au conseil de recrutement, qui procède par tirage au sort. Un petit numéro, vous voilà bon pour le service, tandis qu'un grand numéro vous bascule dans la réserve jusqu'à vos 25 ans révolus, à condition toutefois que vous soyez apte au combat. Et c'est là que vous avez une chance d'éviter de partir pour le front.

Les motifs d'exemption de service sont en effet nombreux : il faut mesurer plus de 1,62 m – Napoléon va abaisser la mesure à 1,51 en 1813 pour récupérer plus de troupes –, ne pas avoir un frère déjà sous les armes, ne pas être fils unique d'une personne de plus de 71 ans, ni prêtre, ni travailler dans une manufacture d'armes ou une industrie stratégique…

À cela s'ajoutent les exemptions médicales, qui donnent lieu à toutes les combines possibles, comme on le voit dans toutes les armées… « Les recruteurs doivent faire face régulièrement à des cas de myopie, de surdité, d'incontinence, de douleurs articulaires ou musculaires et, en terre non francophone, comme en Bretagne ou en Belgique, des jeunes qui disent ne pas comprendre la langue, explique l'historien François Houdecek dans *Les Mythes de la Grande Armée*. Plus grave, certains achètent des potions qui provoquent des malaises, des problèmes gastriques ou ophtalmiques… C'est ainsi qu'un élève en médecine est arrêté en 1807 pour avoir vendu une poudre corrosive qui a failli rendre aveugle plusieurs jeunes hommes. » Sans compter ceux qui se mutilent en se coupant une partie de l'index droit, qui sert à tirer au fusil, ou s'arrachent les incisives, nécessaires pour déchirer la cartouche.

Mais la meilleure solution reste encore de convoler, puisque tout homme marié est exempté de service. Il suffit donc de trouver son double avant la conscription, et les jeunes Français sollicitent le réseau familial et les amis, quitte même à épouser une femme plus âgée… On voit ainsi se développer sous l'Empire des agences matrimoniales qui n'hésitent pas à proposer des unions parfois très mal assorties : en 1809, la préfecture du Nord déplore dix-huit mariages entre des jeunes gens et des femmes très mûres, dont l'une compte 99 ans ! Pour tenter de limiter les abus, les autorités finissent par exempter uniquement les jeunes hommes en passe de devenir pères…

Autre solution pour échapper aux armes : avoir une famille riche qui paie quelqu'un pour aller se battre à votre place, un moyen peu égalitaire mais tout à fait légal. Encore faut-il avoir les moyens, car plus on avance dans l'Empire, plus la facture grimpe, comme on peut s'en douter : le prix du sang s'élève à 10 000 francs pour un remplaçant, une fortune quand on sait qu'un ouvrier gagne en moyenne 60 francs par mois – le ticket de remplacement équivaudrait à plus de 200 000 euros de nos jours. Ce type de contrat – passé devant notaire – concerne une minorité de 4,5 % des effectifs entre 1806 et 1810. Et si on dispose de moins d'argent, on peut toujours tenter de soudoyer les autorités pour permuter les numéros, car les municipalités ou l'administration impériale sont loin d'être incorruptibles…

Dernière solution, refuser carrément la conscription ou déserter pendant les campagnes militaires. Très risqué, car les autorités luttent sans merci contre le taux d'insoumission, qui atteint 28 % sur le territoire de l'ancienne France, avec des pointes dans le Massif central ou les Pyrénées. Il faut dire que les réfractaires peuvent souvent compter sur la famille ou les villageois pour les cacher et les ravitailler, rendant le travail des gendarmes plus compliqué, à moins qu'ils ne tombent dans le brigandage. Plus l'Empire vacille, plus les conscrits se rebellent ou les soldats désertent, notamment en 1813, certains rentrant carrément chez eux dès la nouvelle de l'abdication connue au printemps 1814.

Reste une question : Napoléon est-il vraiment « l'ogre corse » qui saigna la jeunesse française pendant plus de dix ans ? Il est vrai que, après 1812 et la désastreuse retraite de Russie, la pression devient plus forte, les mobilisations s'enchaînent, l'Empereur épuise les réserves et le mécontentement ne cesse de gronder contre « l'insatiable tyran », une image reprise ensuite par les vainqueurs et les opposants au régime. Mais finalement, rappelle François Houdecek, « la ponction sur la population française est de 7 %, très loin des 20 % du premier conflit mondial, où la machine administrative fonctionne beaucoup mieux ». Sur l'échelle du drame, la IIIe République fut ainsi bien plus « mangeuse d'hommes » que Napoléon Ier.

*

* *

Un conquérant hanté par le suicide

Chez lui, c'était tout ou rien. Tout gagner ou tout perdre, essorer sa force vitale jusqu'au bout pour atteindre les sommets de l'ambition, sinon à quoi bon vivre comme un sous-lieutenant... La témérité légendaire de Bonaparte lui fit frôler le pire une trentaine de fois, notamment dans plusieurs duels de jeunesse, sous les obus et la mitraille, au cours de multiples tentatives d'assassinat, sans oublier la tentation du suicide, qu'il éprouva plusieurs fois...

L'Histoire a retenu son passage à l'acte après la première abdication, à Fontainebleau, quand il prit en vain du poison dans la nuit du 12 avril 1814... Mais on découvre que l'idée du suicide a toujours hanté cette âme de conquérant, et ce, dès sa jeunesse. Ainsi, tandis qu'il se morfond à 16 ans dans sa garnison de Valence, loin de la Corse et des siens, il exprime déjà ses idées noires en rédigeant un mémoire sur le suicide... « La vie m'est à charge, parce que je ne goûte aucun plaisir et que tout est peine pour moi... », écrit-il à l'époque. « Quelle fureur me porte donc à vouloir ma destruction ? Sans doute, que faire dans ce monde ? Puisque je dois mourir, ne vaut-il pas autant se tuer ? » Un retour en Corse trois mois plus tard lui redonnera le goût de vivre.

La mélancolie revient hanter Bonaparte quelques années plus tard, quand il fait du surplace dans un Paris en révolution, nous rappelle l'historien Alain Frerejean dans *Napoléon face à la mort*. On lui a retiré son affectation de général, il se sent rejeté, inutile, en situation d'échec complet. On lui propose un poste pour aller écraser les Vendéens, il refuse, ne souhaitant pas tirer sur des civils. Et parle alors de nouveau de suicide : « Si cela continue, mon ami, je finirai par ne pas me détourner lorsque passe une voiture », écrit-il en août 1795 à son frère Joseph.

Le retour des campagnes militaires chassera ces idées noires. Et quand l'option du suicide refait surface, c'est uniquement pour éviter le déshonneur de tomber aux mains des ennemis… Ainsi, quand il revient d'Égypte à bord d'une frégate, en octobre 1799, il manque de peu de se faire arraisonner par des vaisseaux anglais, qui finissent par l'ignorer. Mais à bord, la tension est extrême : pas question pour l'impétueux Bonaparte de moisir dans les geôles anglaises, il donne des ordres stricts pour faire sauter le navire en cas d'abordage !

On retrouve la même attitude lors de l'invasion de la Russie, lors de laquelle il ne se sépare pas d'un sachet de poison au cas où il tomberait entre les mains des armées du tsar. Et pendant la campagne de France, en 1814, quand il mobilise ses dernières troupes contre l'invasion des troupes alliées (Prusse, Autriche, Angleterre et Russie), il cherche de tous côtés la mort en allant au plus près de la mitraille. À Arcis-sur-Aube, il manque de peu de tomber sous la lance d'un Cosaque, tandis qu'un obus atterrit tout près de son cheval. « La vie m'est insupportable, confiera-t-il à Caulaincourt. J'ai tout fait pour mourir à Arcis, les boulets n'ont pas voulu de moi… »

C'est alors qu'il tente d'en finir par le poison. Replié à Fontainebleau, abandonné de tous, l'empereur déchu avale la mixture toxique qu'il conserve sur lui à chaque campagne. En pleine nuit, son valet de chambre Constant fait appeler Caulaincourt, auquel Napoléon recommande sa femme et son fils l'Aiglon. Il finit par passer la nuit, entre angoisse et vomissements, la dose devant être trop faible pour être fatale…

Un an plus tard, à Waterloo, quand la défaite est inévitable, il cherche à nouveau la mort glorieuse en voulant se porter à la tête des dernières colonnes : « Il faut mourir ici ! Il faut mourir sur le champ de bataille ! » lance-t-il à ses officiers. Le maréchal Soult l'en empêche et le convainc de rentrer à Paris. Une nouvelle fois, des pensées suicidaires l'assaillent, il conserve sur lui un petit flacon, sans doute donné par son médecin Corvisart, et relit la mort de Caton, relatée par Plutarque, qui préféra se poignarder avec son glaive plutôt que se soumettre à César. Encore l'exemple des grands héros romains…

Exilé à Sainte-Hélène, Napoléon Ier aurait pu en finir une bonne fois pour toutes. C'est justement là qu'il choisit de survivre. Après avoir tant frôlé la mort, il est désormais convaincu que « le véritable héroïsme consiste à se montrer supérieur aux maux de la vie ». Rester debout jusqu'au bout, digne face aux Anglais, et surtout ne pas leur faire cadeau de son suicide… Cette île perdue sera son plus beau cénotaphe. « Cela a toujours été ma maxime qu'un homme montre plus de vraie bravoure en supportant les calamités et en résistant aux malheurs qui arrivent qu'en se débarrassant de la vie », confie-t-il un jour au médecin O'Meara, ayant, semble-t-il, évolué sur la question… Désormais, il consacre son dernier souffle à construire sa légende *post-mortem*.

*
* *

Charlotte, la mystérieuse fille de Napoléon

On sait que Napoléon a officiellement eu un seul fils, le fameux Aiglon, avec sa seconde épouse, Marie-Louise d'Autriche. Plus quelques bâtards, dont un avec la comtesse polonaise Walewska. Mais de filles, point, malgré quelques rumeurs que les spécialistes ont toujours balayées. Jusqu'aux recherches entreprises par l'historien Bruno Fuligni, condensées dans son livre *La Fille de Napoléon*, qui fait revivre le singulier destin d'une certaine Charlotte Chappuis, née en 1795, laquelle a toujours affirmé être une descendante de l'Empereur, ce qui lui a d'ailleurs valu des problèmes avec les autorités, notamment sous la Restauration…

Sa vie ressemble à un vrai roman : Charlotte serait le fruit d'une liaison passagère entre le jeune Bonaparte, alors officier en garnison à Auxonne, et la Bourguignonne Antoinette Cattin, dite Cotain, qui vendait sans doute ses charmes pour vivre – elle a eu une vingtaine d'enfants, reconnus par la suite par un moine défroqué. À moins que Bonaparte ne l'ait croisée dans l'entourage du député Turreau, qui inspecta l'armée d'Italie fin 1794 – Cattin aurait pu fréquenter à l'époque le haut fonctionnaire…

Charlotte passe sa jeunesse ballottée entre plusieurs pensions, avant d'être confiée à son oncle, notaire à Arnay-le-Duc, et apprend sa haute ascendance au sortir de l'enfance, quand sa mère lui dévoile le vrai nom de son père sur son lit de mort. Napoléon, lui, ignorera toujours cette éventuelle paternité. Une fois adulte, la jeune Charlotte aurait voulu se rendre sur l'île d'Elbe, mais Napoléon est déjà entraîné dans le tumulte de l'Histoire : les Cent-Jours, Waterloo, Sainte-Hélène… En 1815, à 20 ans, Charlotte décide de sortir de l'ombre, se présente à un commandant autrichien devant Besançon, lui révèle le nom de son vrai père et réclame sa protection.

Quand l'Autriche fait suivre le dossier à Paris, l'affaire devient politique : la Restauration ne souhaite aucun revenant napoléonien, l'Aiglon est sous surveillance à Vienne, une fille aînée pourrait raviver les braises et devenir une Jeanne d'Arc bonapartiste… D'autant que Charlotte Chappuis a un air de famille et ressemble étrangement à la reine mère Letizia. La voilà menacée, traitée de folle, enfermée dans un asile, réduite au silence.

Après un interrogatoire musclé, elle fait amende honorable, reste en résidence surveillée, puis finit par être libérée, se fiance avec un lointain cousin avant de séduire un maître de forges de deux fois son âge, Jacob Muller, qui l'épouse à Champagnole, dans le Jura. Charlotte devient une femme riche et honorable, mère de six enfants, auxquels elle donne des prénoms connotés, tels que Marie-Louise (comme l'impératrice), Joseph (en écho au frère de Napoléon) ou encore les très césariens Adrien et Jules. Mais elle n'en continue pas moins à se prévaloir de ses origines : en 1848, elle soutient officiellement la campagne présidentielle du prince Louis-Napoléon, le futur empereur, qu'elle appelle « mon cousin » et qui nommera ensuite son fils Adrien maire de Champagnole...

Faut-il croire à son histoire ? Après tout, l'affaire Charlotte Chappuis pourrait être une imposture de plus dans la veine des faux Napoléon qui ont surgi un peu partout après Waterloo. Mais le dossier est là : une cinquantaine de documents retrouvés par hasard dans un grenier, récupérés par Bruno Fuligni qui a passé sept ans à explorer les pistes. « Charlotte n'est pas une mystification, un personnage fictif, elle a vraiment existé, explique l'historien. J'ai pu retrouver ses descendants, qui m'ont apporté de précieux témoignages, notamment les lettres qu'elle a rédigées en détention. J'ai également découvert qu'elle avait été en relation étroite avec le général Delort, compagnon d'épopée de Napoléon, député puis pair de France, un homme influent qui a toujours été frappé par la ressemblance de Charlotte avec l'Empereur. Il a soutenu sa cause, a protégé ses proches et a même été le parrain d'Adrien, le futur maire de Champagnole. Preuve que son histoire devait être convaincante. »

Les descendants de Charlotte, eux, sont persuadés d'avoir du sang napoléonien dans les veines. Ils habitent désormais la Normandie et, si leur aïeule est bien la fille aînée de Bonaparte, ils représentent la branche la plus directe du clan Napoléon... Charlotte Chappuis n'a jamais été officiellement reconnue et a emporté son secret dans la tombe, en 1880. Pour son dernier repos, elle avait choisi un cercueil semé d'abeilles impériales...

*
* *

La folle histoire du vrai-faux pénis de Napoléon Ier

A-t-on vraiment émasculé Napoléon Ier ? C'est à cette question que répond l'éminent Pr Gérard Lucotte dans son livre captivant *Qui a tué Napoléon ?*, où ce spécialiste de l'ADN passe au crible scientifique plusieurs énigmes tenaces liées à l'Empereur. Et l'une des plus insolites concerne son pénis, qui aurait été prélevé lors de l'autopsie pratiquée après sa mort sur l'île de Sainte-Hélène, en mai 1821...

L'opération vise à déterminer les causes de la mort, mais beaucoup en profitent pour récupérer quelques souvenirs de l'homme qui fit trembler l'Europe, notamment des morceaux du drap ensanglanté sur lequel est autopsié l'Empereur – les Anglais en prirent une grande partie. Le médecin Francesco Antommarchi dirige les opérations : envoyé par Madame mère pour soigner son fils, il était arrivé à la fin de la captivité de Napoléon, mais ce dernier ne lui faisait guère confiance et ne se gênait pas pour le rabrouer...

Ce jour-là, le praticien prélève, à l'insu des Britanniques, deux morceaux de chair qu'il donne à deux proches : le majordome Coursot et l'abbé Vignali, corse lui aussi et aumônier de l'Empereur.

La famille Vignali va conserver cette relique pendant près d'un siècle, avant de la revendre en 1916 à un antiquaire anglais. Lequel la cède pour 400 livres sterling au collectionneur américain Rosenbach en expliquant qu'il s'agit d'un « tendon momifié prélevé sur le corps de Napoléon lors de l'autopsie ». Il n'en fallait pas plus pour enflammer les imaginations, d'autant que Rosenbach commence à présenter l'objet au public : une exposition est organisée en 1927 au musée d'Art français de New York où les curieux viennent contempler ce morceau de chair énigmatique. La presse laisse entendre qu'il s'agirait du pénis du conquérant, le comparant à « une anguille ridée », « un morceau de bœuf séché », provoquant quelques « soupirs sentimentaux » et des « rires de femmes », rapportent les chroniqueurs…

Sans compter les Britanniques, qui trouvent là matière à rabaisser le vainqueur d'Austerlitz en ironisant sur son petit appendice – l'objet présenté mesurait en effet quelques centimètres, 3,8 pour être précis. Et d'avancer des hypothèses fumeuses : se pourrait-il que le conquérant eût mis le feu à l'Europe pour afficher une virilité qui lui manquait cruellement dans son anatomie ? Après le nez de Cléopâtre, voilà un autre détail physique qui aurait eu des conséquences internationales insoupçonnées…

La légende est lancée, elle sera confortée par l'urologue américain John Kingsley Lattimer, qui acquiert la fameuse relique en 1977 pour 3 000 dollars chez Drouot. L'homme est un passionné d'Histoire, il possède même un morceau de tissu de la limousine présidentielle dans laquelle Kennedy trouva la mort à Dallas. Il conserve pieusement l'auguste phallus sous son propre lit, dans un beau coffret gravé d'un « N » couronné, et affirme à qui veut l'entendre qu'il s'agit bien là du sexe de Napoléon, découpé au dernier moment par le médecin Antommarchi, qui voulait ainsi se venger de la façon dédaigneuse dont le conquérant l'avait traité...

Pour appuyer ses propos, il prétend qu'il a passé la relique au scanner et que « les rayons X lui avaient permis de confirmer qu'il s'agissait bien d'un pénis », rapporte le Pr Gérard Lucotte dans son ouvrage scientifique sur Napoléon. « Comment ne pas croire un professeur d'urologie de l'université de Columbia ? » relève-t-il avec ironie. Car un scanner ne veut rien dire, seule une analyse poussée pourrait apporter des réponses précises...

Les hasards du destin vont permettre de résoudre l'énigme quand notre Sherlock Holmes du chromosome Y est contacté par le nouveau propriétaire du bout de chair impériale, le millionnaire chinois Sou Mong, qui a acquis la boîte et son contenu en 2016. Il souhaite savoir si, oui ou non, un pénis se trouve bien à l'intérieur... Il entre donc en contact avec le Pr Lucotte, directeur de l'Institut d'anthropologie et de génétique moléculaire, et lui envoie trois fragments pour analyse.

Le spécialiste procède alors à un examen au microscope électronique à balayage, puis réalise une extraction de l'ADN, amplifié par PCR, suivi d'un séquençage. « Ces échantillons présentaient des stries longitudinales, typiques des cellules musculaires, écrit le professeur dans son ouvrage. Ils étaient riches en calcium et phosphore. Il s'agissait donc de cartilage ou de tendon, et pas de pénis. Par séquençage, je retrouvai aussi la mutation caractéristique 16184T dans les fragments A et B. »

En conclusion, un reste authentique de l'Empereur, mais un tendon, et non un pénis… Le résultat fut publié en mai 2022 dans l'*International Journal of Sciences* : deux cents ans après sa mort, l'honneur de Napoléon était sauf.

LE XIXe SIÈCLE

*
* *

Comment les Bonaparte ont façonné Paris

Paris, ville bonapartiste ? Dans son décor et sa conception, sans aucun doute, si évidentes sont les traces laissées par les deux empereurs dans ses façades et son architecture. La mue commence avec Napoléon Ier, qui souhaite rapidement faire de Paris la nouvelle Rome de son empire. Il faut dire qu'au moment de son accession au pouvoir, au début du XIXe siècle, la ville ressemble à un champ de ruines : la Révolution est passée par là, un tiers des bâtiments ont été saisis et déclarés bien nationaux, beaucoup sont abandonnés, délaissés faute de moyens, la plupart des quartiers sont sombres et dangereux. « Les rues et les maisons sont sales et mal entretenues, souligne Napoléon dans ses rapports. Les bâtiments officiels, victimes de vandalisme, les hôtels particuliers de l'aristocratie fermés et pillés… »

Le retour de l'ordre dans l'État et de l'or dans les caisses permet à Napoléon de lancer ses grands travaux : le Louvre, qu'il faut rénover et embellir, le percement de la rue de Rivoli, l'édification de la Madeleine et la façade du Palais-Bourbon, qui lui fait face, le lancement de l'Arc de triomphe, la construction du bâtiment de la

Bourse, les rues de la Paix, de Castiglione et d'Ulm, la colonne Vendôme, trois ponts, une quinzaine de fontaines, le canal de l'Ourcq, la consolidation du Panthéon et l'agencement du Père-Lachaise, où il décide lui-même de l'emplacement des tombes de ses maréchaux… Tout cela en une quinzaine d'années !

Ses rêves ne verront parfois jamais le jour, ainsi cet impressionnant palais du roi de Rome, imaginé à la naissance de son fils pour enraciner dans la pierre sa dynastie naissante. Il devait s'élever sur la colline de Chaillot, au-dessus du pont d'Iéna, avec une immense façade de 400 mètres de long, un parc gigantesque qui devait s'étendre de l'Arc de triomphe jusqu'au bois de Boulogne. Un palais monumental pour accueillir la famille impériale, la cour et les hôtes étrangers au cœur de ce qui devait être la cité administrative et militaire du nouvel empire. Mais les déboires en Russie mettront un terme au colossal projet imaginé par les architectes Percier et Fontaine.

Au milieu du XIXe siècle, l'arrivée de son neveu à la tête de la France relance les grands travaux napoléoniens. « Napoléon III est un fou d'urbanisme, confirme l'historien Dimitri Casali, auteur de *Paris Napoléon(s)*. Il avait conservé tous les plans de son oncle pour parachever son grand projet. Dans son immense bureau des Tuileries se trouvait une grande carte de Paris, où il suivait l'avancement des travaux avec des épingles de couleur. Il va y engloutir l'équivalent de 2,5 milliards de francs de l'époque, soit 725 tonnes d'or… Il faut dire que Paris est complètement congestionné, avec parfois 100 000 habitants au kilomètre carré. Les conditions d'insalubrité sont épouvantables avec des épidémies de choléra qui ravagent parfois la capitale. Il était urgent d'agir ! »

En vingt ans, Paris est à nouveau métamorphosée sous l'autorité du préfet Haussmann : achèvement du Louvre, construction de l'Opéra, des théâtres, des squares et des grands parcs, lancement des premiers logements sociaux pour les ouvriers, et surtout des fameux immeubles haussmanniens, imposants et modernes, qui deviennent la norme de la capitale, quitte à détruire 20 000 maisons insalubres ou gênantes… Côté pratique, l'éclairage au gaz se généralise, 600 kilomètres d'égouts sont percés et on décide de désengorger Paris en créant une croisée de deux axes, ouest-est avec Rivoli-Bastille, et nord-sud avec le boulevard de Sébastopol…

Une œuvre architecturale qui mériterait aujourd'hui d'être réhabilitée : on ne trouve guère qu'une petite place Napoléon-III vers la gare du Nord et une rue Bonaparte dans le centre. Alors qu'Haussmann et les maréchaux ont tous leur boulevard…

*

* *

La saga du drapeau tricolore

Depuis toujours, les fameuses trois couleurs font partie de l'histoire de France. D'où viennent-elles ? Le bleu et le rouge sont celles de la ville de Paris depuis le XIVe siècle. Le blanc est la couleur arborée sur les champs de bataille par les rois de France dès Henri IV – on se souvient du fameux « Ralliez-vous à mon panache blanc ! » lancé par le souverain à ses partisans. C'est aussi, pour l'anecdote, le symbole de reconnaissance adopté en écharpe par les protestants, et donc, logiquement, par Henri IV. Par un tour de passe-passe, le blanc sera désormais associé à la monarchie française.

Mais les choses ne sont pas si simples... Le bleu est aussi une couleur choyée par les rois de France, sur le manteau du sacre bordé d'hermine ou dans leur blason « d'azur semé de fleurs de lys ». Henri IV va même y ajouter le rouge de son blason de Navarre, ce qui fait que les trois couleurs sont déjà associées sur les armoiries du royaume de France jusqu'à Louis XVI. Il faut ajouter que ces couleurs ont également une signification chrétienne : chez les catholiques, le bleu est associé à la Vierge Marie, le blanc aux anges et à la pureté – en particulier à l'ange Michaël – et le rouge symbolise le martyre de la foi – couleur des cardinaux.

Sous la Révolution française, le nouveau pouvoir balaie les anciens symboles pour en adopter d'autres : le rouge a la préférence, c'est la couleur du bonnet phrygien, symbole de la liberté, mais on porte également des cocardes rouge et bleu, couleurs de la ville de Paris où a commencé le soulèvement. Le roi étant toujours en place – jusqu'à la proclamation de la République en 1792 –, on y associe logiquement le blanc, couleur de la royauté. Les trois couleurs bleu-blanc-rouge deviennent le symbole du nouveau régime, même si elles font écho, finalement, aux traditionnelles couleurs du royaume... En juillet 1789, Louis XVI accepte de porter la cocarde tricolore symbolisant l'union du roi et de la nation, et les officiers sont priés d'attacher en écharpe les trois couleurs lorsqu'ils sont en mission. On les retrouve sur les drapeaux, mais avec une certaine fantaisie, même si l'Assemblée définit le pavillon national sous la forme qu'on lui connaît aujourd'hui.

Avec Napoléon, les trois couleurs font le tour de l'Europe à travers les conquêtes multiples de l'armée française. L'Empereur, habile politique, adopte le drapeau de 1789 et synthétise les idées neuves de la Révolution avec sa dictature personnelle. Le régime suivant jette aux orties le symbole de son empire : Louis XVIII et Charles X, frères de Louis XVI, reviennent au drapeau blanc, symbole de leur royaume retrouvé. Mais Louis-Philippe, ambitieux et tacticien, accepte les trois couleurs pour leur succéder, après les émeutes des Trois Glorieuses. Il devient un « roi normal », celui de tous les Français, abandonnant les marques ostentatoires de l'Ancien Régime. Au même moment, Delacroix immortalise la victoire des barricades en peignant *La Liberté guidant le peuple*, avec la femme aux seins nus qui brandit l'étendard tricolore.

Quand la IIe République est proclamée, en 1848, un débat s'ouvre : faut-il conserver ce drapeau compromis avec les bonapartistes et les royalistes ? Les plus extrémistes, on dirait aujourd'hui les plus « gauchistes », veulent le drapeau rouge, celui de la Terreur et des sans-culottes. Le poète Lamartine parvient à calmer les esprits : « Le drapeau rouge que vous rapportez n'a jamais fait que le tour du Champ-de-Mars, clame-t-il, traîné dans le sang du peuple en 91 et en 93, et le drapeau tricolore a fait le tour du monde, avec le nom, la gloire et la liberté de la patrie. » Les trois couleurs sont sauvées.

En 1871, nouvelle crise. Après la chute de Napoléon III, les élections portent à la Chambre une majorité de monarchistes... qui souhaitent rétablir sur le trône le dernier descendant des Bourbons, le comte de Chambord, Henri d'Artois. Mais ce dernier, éduqué dans le culte du passé, met plusieurs conditions à son retour, dont celle de reprendre le drapeau blanc : « Il a flotté sur mon berceau, je veux qu'il ombrage ma tombe », clame-t-il. Le comte va passer à côté de son destin. Les monarchistes sont divisés : après tout, les trois couleurs sont celles des armées. Ils tergiversent, perdent du terrain, et les parlementaires, lassés, finissent par voter l'instauration de la IIIe République... qui doit son salut à l'étendard tricolore.

Pour s'enraciner, cette nouvelle république s'accroche aux emblèmes, notamment au drapeau, à la *Marseillaise* et à Marianne coiffée de son bonnet phrygien. Pendant plus de soixante ans, elle va éduquer de nouvelles générations autour des symboles républicains. La Grande Guerre de 14-18, qui frappe chaque famille, consolide le culte du drapeau dans le sang et les larmes. Même le Front populaire verra les trois couleurs mélangées à la bannière rouge communiste dans les manifestations.

Puis le drapeau français devient peu à peu le symbole de la droite, du conservatisme, du colonialisme. Pour la gauche française, c'est l'ennemi, l'armée, de Gaulle, l'autorité... Après Mai 1968, l'étendard devient complètement ringard, tout juste bon à orner les façades des préfectures. Le Front national le récupère habilement, à l'heure où on ne parle que d'Europe et de mondialisation. Avec Jeanne d'Arc, il devient son emblème, et le brandir fait de vous quasiment un facho ou un réactionnaire. La République finit par se réveiller, elle revient aux cours d'instruction civique, tant chéris par la IIIe, et réapprend la citoyenneté à ses élèves.

Puis la socialiste Ségolène Royal surprend sa famille politique en remettant le drapeau à l'honneur pendant sa campagne électorale de 2007 : la gauche semble soudain se souvenir que ses illustres aïeux ont été les premiers à promouvoir l'étendard tricolore. En appelant à pavoiser pour commémorer les attentats parisiens de novembre 2015, François Hollande s'inscrit dans la même logique. L'homme de gauche veut se réapproprier un emblème trop longtemps brandi par la droite. Et les succès populaires des Bleus dans les stades ont achevé de réconcilier la plupart des Français avec leur étendard tricolore.

*
* *

Victor Hugo, le sauveur de Notre-Dame de Paris

En 1828, Victor Hugo n'est encore qu'un jeune écrivain prometteur… Âgé de 26 ans, il est pensionné par le roi, s'est fait un nom avec le succès de *Cromwell*, commence à fréquenter les auteurs qui comptent et cherche depuis quelque temps à s'imposer avec un grand roman dramatique et populaire. Pourquoi ne pas aller sur le terrain historique ?, lui suggère son éditeur, Charles Gosselin, puisque les récits de Walter Scott sont à la mode… Un contrat est signé, Hugo se lance dans l'écriture, mais la rédaction va prendre plus de temps que prévu : il travaille en même temps sur *Hernani,* connaît des problèmes avec sa pièce *Marion Delorme,* sans compter l'insurrection de 1830 qui vient tout retarder…

En revanche, il tient son histoire : une rivalité passionnelle autour d'une Gitane, la jeune Esmeralda, entre un bossu et un archidiacre tout-puissant. Quant au décor, ce sera Notre-Dame, dont la lente décrépitude ne cesse de l'attrister et de l'alarmer. À l'époque, la cathédrale n'est plus que l'ombre d'elle-même : sa flèche centrale a été démantelée à la fin du XVIIIe siècle, la Révolution l'a transformée en temple de la Raison, puis en entrepôt de vin ; on répare le plus urgent pour le sacre de Napoléon, on camoufle les fissures, ressoude à la hâte des vitraux, avant de la rendre au culte… Comme un vaisseau fantôme sur l'île de la Cité, l'édifice reste en l'état dans une France endettée et dépassée par d'autres urgences nationales. Va-t-elle finir comme d'autres monuments vendus, puis rasés, car jugés vieillots et trop chers à entretenir ?

Un scandale pour Victor Hugo, qui s'est très tôt investi dans la défense du patrimoine, une idée neuve portée à l'époque par le courant romantique. À 23 ans, il signait son premier pamphlet contre les bandes de « démolisseurs » qui rachetaient les vieilles bâtisses pour en revendre les pierres dans l'indifférence ou, pire, avec la complicité de l'administration. Il remet ça en 1832, sans mâcher ses mots : « On ne restaure plus, on ne gâte plus, on n'enlaidit plus un monument, on le jette bas.

Et l'on a de bonnes raisons pour cela. Une église, c'est le fanatisme ; un donjon, c'est la féodalité. On dénonce un monument, on massacre un tas de pierres [...]. *À quoi servent ces monuments ?* disent-ils. Cela coûte des frais d'entretien, et voilà tout. Jetez-les à terre et vendez les matériaux. C'est toujours cela de gagné. Sous le pur rapport économique, le raisonnement est mauvais. »

L'écrivain se fait soudain prophétique en pressentant qu'un jour ces œuvres attireront les curieux : « Ces monuments sont des capitaux, poursuit-il. Un grand nombre d'entre eux, dont la renommée attire les étrangers riches en France, rapportent au pays au-delà de l'intérêt de l'argent qu'ils ont coûté. Les détruire, c'est priver le pays d'un revenu. » Et de conclure : « Il faut arrêter le marteau qui mutile la face du pays. Une loi suffirait. Qu'on la fasse. »

Un cri du cœur qui tombe au moment où son roman sur Notre-Dame connaît un vrai succès, malgré un accueil critique plutôt tiède. On redécouvre le Moyen Âge, Esmeralda inspire déjà des ballets et des opéras... En faisant de la cathédrale le personnage principal de son roman, en rendant les pierres vivantes et vibrantes, Hugo frappe les consciences, d'autant que l'édifice a été une nouvelle fois vandalisé l'année même de la sortie du roman. En février 1831, la cathédrale et l'archevêché sont en effet dévastés par des émeutiers après un service à la mémoire du duc de Berry à Saint-Germain-l'Auxerrois : vitraux brisés, mobilier saccagé, trésor et sacristie pillés... La restauration du bâtiment s'impose peu à peu dans les esprits.

Un petit groupe d'intellectuels et de politiques va soutenir cet intérêt nouveau pour le patrimoine dans les années qui suivent. Il y a là l'historien et ministre François Guizot, qui crée l'Inspection générale des monuments historiques, le journaliste Charles de Montalembert, le baron Justin Taylor, auteur des fameux *Voyages pittoresques et romantiques*… et bien sûr Victor Hugo, qui lance en préface de son best-seller un appel à la mobilisation : « Inspirons, s'il est possible, à la nation l'amour de l'architecture nationale. C'est là, l'auteur le déclare, un des buts principaux de ce livre ; c'est là un des buts principaux de sa vie. »

Cela tombe bien, le roi Louis-Philippe entend rassembler la France autour de ses racines, sans effacer ni les vestiges de la monarchie ni l'épopée du drapeau tricolore. En 1842, le Conseil des bâtiments civils s'attaque enfin à la restauration de Notre-Dame, suite à une pétition soutenue une fois de plus par Victor Hugo, toujours en première ligne. Un concours est lancé, plusieurs architectes déposent leurs projets, dont le tandem Lassus-Viollet-le-Duc. Ce dernier est seulement âgé de 29 ans, mais s'est fait connaître avec la restauration de la basilique de Vézelay et il a la confiance de Prosper Mérimée, inspecteur général des monuments. Les travaux débutent enfin en 1845 pour s'achever vingt ans plus tard. Hugo était toujours vivant pour contempler, au soir de sa vie, la résurrection de ce « livre de pierre » dont il avait tant plaidé la cause.

*
* *

La vraie histoire du comte de Monte-Cristo

Derrière un roman se trouve souvent un fait divers… C'est le cas pour le comte de Monte-Cristo, incarné au cinéma en 2024 par Pierre Niney, qui raconte la chute puis la vengeance d'Edmond Dantès dans cette France du XIXe siècle où les Bourbons sont revenus au pouvoir. Quand Alexandre Dumas prépare son récit, dans les années 1840, il va largement s'inspirer du drame vécu par le Nîmois François-Pierre Picaud, victime lui aussi d'une véritable traîtrise sous l'Empire.

L'écrivain tombe sur cette histoire pleine de drames et de fureur dans l'ouvrage d'un archiviste de la police de Paris, Jacques Peuchet, qui a compilé nombre d'enquêtes, d'histoires de malfrats et de faits divers dans des Mémoires publiés en 1838 chez Le Vavasseur. On y trouve en effet l'affaire du « Diamant de la Vengeance », dont la trame fait largement écho au roman épique d'Alexandre Dumas.

L'histoire de François Picaud débute comme celle d'Edmond Dantès : le jeune Nîmois, monté tenter sa chance à Paris, a réussi à se faire une place par son travail et son ambition. Il s'apprête à épouser une riche jeune fille, mais quelques jours avant le mariage, tout bascule. Le cafetier Loupian, auquel il s'est confié, décide de saboter les noces avec des amis communs, les dénommés Allut, Solari et Chaubard.

Le tavernier dénonce ainsi Picaud à la police de Napoléon Ier comme un agent à la solde de l'Angleterre. C'est la prison, sept ans d'internement à Fenestrelle, où Picaud fait la connaissance d'un autre détenu, un ecclésiastique issu d'une grande famille italienne qui l'a abandonné à son sort. L'abbé se prend d'amitié pour le jeune homme et lui lègue une belle fortune. Ça ne vous rappelle rien ?

À la chute de l'Empire, le Nîmois récupère son magot et entend bien se venger. Déguisé sous un faux nom, il retrouve Allut et lui offre un diamant contre le nom de ses complices. Allut craque, mais ne profite guère de son argent car il finit envoyé au bagne lorsqu'on découvre que le bijoutier qui a racheté son diamant a été froidement assassiné…

Une fois à Paris, Picaud s'engage comme garçon de café chez Loupian, qui a épousé entre-temps son ex-fiancée, et parvient à supprimer deux de ses dénonciateurs, Solari et Chaubard. Reste à régler son sort au fameux Loupian, cause première de son malheur… Il fait séduire sa fille – issue d'un premier lit – par un forçat de sa connaissance déguisé en brillant soupirant, puis le bistrot est incendié, le tavernier est ruiné et sa femme meurt de chagrin.

Pour finir la besogne, Picaud attire un soir Loupian au jardin des Tuileries et le poignarde en révélant son nom, mais voilà qu'il est pris sur le fait par Allut, sorti du bagne, qui l'enlève et le séquestre dans une maison pour le forcer à lui révéler la cachette de son magot... Picaud ne flanche pas et finit par mourir sous les coups d'Allut. Lequel part en Angleterre, où il meurt en 1828, après avoir raconté son histoire à son confesseur, en lui faisant jurer de transmettre l'affaire à la préfecture de police.

D'où sa trace dans les dossiers, qui sera reprise par le fonctionnaire Peuchet, féru d'anecdotes, dans ses Mémoires tirés des archives de la police de Paris.

Certains trouveront cette histoire trop rocambolesque pour être vraie... A-t-elle été fidèlement retranscrite ou l'auteur ou l'éditeur ont-ils pris quelques libertés pour captiver le lecteur ? Une chose est sûre : même romancés sur les bords, certains faits sont bien réels, et on comprend pourquoi Alexandre Dumas et son prête-plume Auguste Maquet ont fait leur miel de cette histoire de vengeance dans laquelle se mêlent argent, amour et politique.

Le romancier ne s'en cache pas, du reste, puisqu'il publiera une nouvelle autour de l'histoire de Picaud au moment où paraît son *Comte de Monte-Cristo*. Ne gardant que la trame générale, Dumas laisse libre cours à son imagination pour construire son récit, en modifiant nombre d'éléments, à commencer par les noms des protagonistes, ainsi que l'époque : bonapartiste de cœur, il choisit de placer la trahison de départ sous le règne de Louis XVIII plutôt que sous le Premier Empire...

Côté décor, il va également largement s'inspirer de Marseille, une ville qu'il visite plusieurs fois, d'abord en 1832, puis huit ans plus tard pour se rendre en Italie, et enfin en 1843, et dont il visite plusieurs lieux emblématiques. Il repère à cette occasion l'île d'If et son château, au large de la ville, transformé en prison. Et l'intègre naturellement à son roman, tout comme le port de la cité phocéenne quand le jeune Edmond Dantès, plein d'ambition, arrive à bord du trois-mâts le *Pharaon*...

Quand le roman sort, en 1844, sous forme de feuilleton, le succès est immédiat, les traductions s'enchaînent, en allemand, en anglais, on lit Dumas à Londres comme à New York... Le théâtre s'en empare avant de voir la vengeance d'Edmond Dantès portée au cinéma dès le début du XXe siècle, avec un engouement qui ne faiblira plus.

*

* *

Ces écrivains hantés par leurs névroses

On sait que les plus grands créatifs sont parfois de sacrés névrosés... L'écrivain et journaliste Christophe Bourseiller s'est ainsi amusé à lister quelques cas édifiants dans son livre *Et s'ils étaient tous fous ?*. Et le moins que l'on puisse dire, c'est que les psys vont se régaler en scrutant de près les pathologies de certains de ces artistes ou écrivains mondialement connus... Un exemple ? Le poète Gérard de Nerval qui, dès ses 32 ans, se fait remarquer en promenant dans les jardins du Palais-Royal un homard vivant au bout d'un ruban bleu en guise de laisse. Un autre jour, la police l'interpelle dans les rues de Paris en train de battre des bras, nu comme un ver, pour voler comme un oiseau... Direction la clinique, pour huit mois de soins qui n'empêcheront pas le retour d'hallucinations délirantes.

Plus méconnues, les névroses obsessionnelles du compositeur Erik Satie, qui s'enterre, à la fin de sa vie, dans un réduit de dix mètres carrés à Arcueil. Pauvre comme Job, il vit au milieu de ses piles de mouchoirs, de nombreux costumes identiques, de quatorze parapluies soigneusement emballés en rang d'oignons, et des milliers de dessins miniatures de la taille de grands timbres-poste représentant des châteaux forts que le musicien collectionne avec persévérance…

Et que dire des comportements sadiques de Marcel Proust ? À la fin de sa vie, l'auteur d'*À la recherche du temps perdu* n'aime rien tant que demander à ses gitons d'organiser des rituels pervers et cruels sur des animaux… Son supplice favori consiste à faire souffrir des rats en cage, d'abord fouettés par un jeune prostitué, puis percés par des épingles jusqu'à ce que mort s'ensuive. Ensuite, l'écrivain dispose autour de la cage des photos de proches, sur lesquelles il crache avec son compagnon, tout en proférant des insultes.

Le meilleur reste pour la fin avec Victor Hugo, hanté par ses fantômes jusqu'à son dernier soupir. On sait que le grand écrivain devient un adepte du spiritisme lors de son exil sur l'île de Jersey, après le coup d'État du prince Louis-Napoléon. Cette pratique est à la mode, et Hugo se laisse convaincre, surtout quand il est persuadé d'être entré en contact avec sa chère fille Léopoldine, disparue prématurément dans une terrible noyade. Hugo en redemande, il établit même des comptes rendus, dit converser avec Robespierre, Hannibal, Molière ou encore Platon, et même avec des animaux, comme le lion d'Androclès... On s'assoit autour d'un guéridon, l'esprit est convoqué, on pose des questions, le défunt dicte sa parole en frappant la table plusieurs coups qui indiquent des lettres précises. C'est ainsi que l'écrivain assure que Shakespeare en personne lui a délivré un poème...

Puis tout bascule en 1855, quand l'un des participants aux soirées occultes revient un jour chez Hugo visiblement très agité, comme possédé, hurlant des menaces tout en brandissant une arme. L'écrivain, sans doute impressionné, cesse alors les séances de spiritisme du jour au lendemain. Mais sans parvenir à se débarrasser des esprits, qui vont le hanter jusqu'à sa mort. Il entend régulièrement des frappements dans les murs, des respirations toutes proches, des frôlements dans les pièces, ses nuits sont régulièrement troublées, les forces semblent s'animer le soir... Il va jusqu'à leur donner un nom : « les Auxcriniers », des « trouble-sommeil nocturnes », comme il les désigne en 1865. « D'un seul coup, écrit Christophe Bourseiller, Victor Hugo se trouve terrassé par la frousse. Lui qui ne craint ni Napoléon III ni ses polices se croit environné de monstres tapis dans l'ombre qui rêvent de lui voler son âme. » Dans cet esprit fécond, les diablotins le disputaient aux muses.

*
* *

Qui est vraiment Madame Bovary ?

À la fin des années 1850, Flaubert fait scandale avec son roman *Madame Bovary*. On connaît l'histoire de cette femme, Emma, sensible et rêveuse, éprise de romantisme, déçue par son mariage, qui trompe son époux et son ennui avec des amants, fait des dettes et finit par se suicider à l'arsenic. « Madame Bovary, c'est moi ! » aurait lancé Flaubert à ceux qui lui demandaient d'où lui était venue l'inspiration – une phrase sans doute apocryphe. Que faut-il d'ailleurs comprendre derrière ces mots ? Son livre serait-il une œuvre de pure fiction ? Ou bien l'héroïne serait-elle son avatar, la somme de ses rêves déçus, de ses tourments psychologiques ? Impossible de trancher, Flaubert a laissé trop de lettres contradictoires à ce sujet.

En revanche, il est certain qu'à l'époque où le romancier met en route son projet, plusieurs femmes ont défrayé la chronique par des comportements jugés scandaleux à l'aune de la morale du XIXe siècle. Dans son livre *La Vraie Vie des héros*, le journaliste Nicolas Carreau, qui a mené l'enquête, rapporte ainsi l'histoire de Louise Pradier, la femme du sculpteur James Pradier, qui accumulait dettes et amants dans le dos d'un mari trop crédule. Sa vie amoureuse agitée et ses problèmes financiers furent racontés dans *Les Mémoires de Madame Ludovica,* dont le romancier possédait un manuscrit annoté de sa main. Flaubert la connaissait d'autant mieux qu'elle fut un temps sa maîtresse...

Une autre histoire frappe également les esprits, celle de Marie Lafarge, condamnée en 1840 aux travaux forcés à perpétuité pour avoir empoisonné son mari : elle l'avait épousé en le croyant riche, imaginait une vie de châtelaine en province, tombe des nues en voyant la masure délabrée de son mari, achète de grosses quantités de mort-aux-rats chez un pharmacien pour éliminer les sales bestioles, jusqu'au jour où son époux décède brutalement... Une femme romantique et déçue, la présence de l'arsenic, la mort qui rôde dans une bourgade de province : de quoi donner des idées à Flaubert en quête d'une héroïne sombre.

En réalité, il la trouvera à deux pas de la porte de sa maison de Croisset, près de Rouen, dans le village normand de Ry. C'est là qu'a vécu Delphine Delamare, fille de cultivateurs aisés, qui raffole de romans et rêve d'une vie mondaine. Son mariage avec un officier de santé, un peu lourdaud, mais consciencieux – tout le portrait du futur Charles Bovary –, ne semble pas la combler. Elle fait de la tapisserie, se donne de grands airs, imagine parfois recevoir à sa table un duc ou une marquise, joue les hôtesses imaginaires, fréquente un châtelain de la région, puis un clerc de notaire... Cela ne vous rappelle rien ?

Tout finit mal : Delphine Delamare fait scandale dans cette petite bourgade normande des années 1840. Elle s'est compromise, ses amants l'ont délaissée, elle est endettée, on dit pis que pendre d'elle dans son dos, elle choisit de s'empoisonner et agonise devant ses proches en mars 1848 – le mari mettra fin à ses jours l'année suivante. Pour Flaubert, il n'y a qu'à piocher dans le fait divers local : la trame est déjà ficelée. Même s'il s'en défend au moment de la publication : « Madame Bovary est une pure invention, expliquait le romancier dans une lettre à Émile Cailteaux en 1857. Tous les personnages du livre sont complètement imaginés, et Yonville-l'Abbaye lui-même est un pays qui n'existe pas, ainsi que la Rieulle, etc. Ce qui n'empêche pas qu'ici, en Normandie, on ait voulu découvrir dans mon roman une foule d'allusions... »

Pure invention ? Oui, dans le sens romanesque du terme. Pour le reste... « Flaubert avait connu par lui-même toute cette histoire, comme le rapporte dès la fin du XIXe siècle un article publié dans *Le Journal de Rouen*. Les principaux personnages étaient liés avec sa famille et les détails particuliers, les notes intimes lui furent fournis pendant un séjour fait à Ry même pour cette étude par le pharmacien de l'endroit qu'il connaissait beaucoup. » Pour finir de convaincre les derniers sceptiques, il faut savoir que l'officier de santé Delamare, mari de l'infortunée jeune femme, était un élève du père de Flaubert, Achille, chirurgien en chef de l'hôpital de Rouen. Il ne restait plus au romancier qu'à mettre son talent au service du drame.

*
* *

Baudelaire : recherche cash désespérément

Fauché Baudelaire ? En tout cas, les soucis financiers ont empoisonné jusqu'au bout l'existence du poète. Pourtant, la vie ne l'avait pas négligé, loin de là. À 21 ans, le jeune homme peut enfin toucher sa part d'héritage – son père est décédé quand il avait six ans. Elle se monte à environ 100 000 francs, une somme rondelette pour l'époque : 18 000 francs de numéraires, une rente sur l'État à 5 % de 8 400 francs, des actions pour 6 500 francs et des terres à Neuilly qui valent 70 000 francs... Ce patrimoine lui rapporte une rente de 1 800 francs par an, ce qui équivaut à un salaire annuel assez confortable – un bon fonctionnaire gagne un peu plus de 2 000 francs par an.

Du jour au lendemain, Baudelaire quitte sans regret le foyer familial où il ne supporte plus son beau-père, le général Aupick, toujours à vouloir le recadrer. Quant à sa mère, elle se désole de le voir choisir le métier d'auteur plutôt que de poursuivre ses études... Le jeune lettré profite et flambe, se fait dandy, s'habille avec luxe, loue un pied-à-terre sur l'île Saint-Louis, se meuble avec goût, fait relier sa bibliothèque, reçoit ses amis, loge sa maîtresse, Jeanne Duval, une petite actrice des faubourgs, rembourse de vieilles dettes – déjà – et se laisse vivre… Si bien qu'au bout de deux ans, il a largement entamé son patrimoine : les actions sont vendues ainsi que les terres de Neuilly, qui lui rapportent seulement 25 000 francs après retrait des dettes hypothécaires.

La famille s'affole devant le fils prodigue : un conseil judiciaire est rapidement nommé à la demande de sa mère, conseillée par le général Aupick. On fait le bilan : il reste près de 56 000 francs au jeune homme, qui, une fois placés, lui rapporteront une rente annuelle de 2 400 francs. Rien de dérisoire, mais Charles est désormais sous tutelle de sa mère et du notaire Ancelle, qui va vite devenir sa bête noire. « M. Ancelle m'a donné hier les derniers sacrements », confie-t-il en apprenant la décision du conseil, en décembre 1844. Cette humiliation et cette dépendance vont le torturer jusqu'à la fin de ses jours : « Il me semble que je porte sur moi une plaie honteuse, et que tout le monde la voit… »

« Il y a une formidable incohérence entre l'intelligence éblouissante de Baudelaire et le chaos de sa vie matérielle, explique sa biographe Marie-Christine Natta, spécialiste de la littérature du XIXe siècle. Il passe son temps dans sa correspondance à courir après l'argent, ses lettres ne parlent presque que de cela. Il est incapable de gérer un budget de 200 francs par mois et fait des dettes partout, alors qu'il n'en a pas le droit, puisqu'il est sous tutelle. Pire encore : sa rente lui sert uniquement à payer les intérêts des emprunts qu'il contracte à des taux très élevés. C'est le cercle vicieux : il creuse lui-même son propre gouffre financier. »

Il rêve d'intégrer une revue, d'avoir un salaire fixe, mais il ne parvient qu'à placer quelques articles, de brillantes critiques ici ou là… « Ses activités littéraires lui rapportent peu, confirme sa biographe. C'est un auteur exigeant, sans concession, pas toujours très souple… Il va mettre ainsi trois ans à faire publier ses articles sur *Le Peintre de la vie moderne* dans *Le Figaro.* » Seules les traductions d'Edgar Poe lui rapportent des sommes correctes. Mais les dettes et le stress engendrent l'improduction littéraire. Le poète doit faire face régulièrement aux huissiers et à ses créanciers, à tel point qu'il est contraint de se cacher six jours en février 1858.

Il se débrouille donc comme il peut, s'invite chez des amis, sollicite des aides de l'État, qu'il obtient parfois, tanne son éditeur qui se montre très compréhensif… Il emprunte à la Société des gens de lettres, fréquente le mont-de-piété, harcèle le notaire Ancelle pour des avances, mais celui-ci tient bon. Et se tourne surtout très souvent vers sa mère, demandant pratiquement l'aumône : « C'est seulement quand je suis réduit aux dernières extrémités, c'est-à-dire quand j'ai très faim, que je vais à vous, tant cela me cause de dégoût et d'ennui… » Elle ouvre alors son portefeuille, lâchant 20 ou 100 francs, contre une promesse de s'amender et de bien conduire sa vie… Ce jeu cruel va durer jusqu'à sa mort.

Il attend évidemment beaucoup de la publication des *Fleurs du mal,* mais il devra faire face à un procès pour « outrage à la morale » et le recueil, mal accueilli, est loin d'être un succès d'édition… de son vivant. L'homme est tellement obsédé par ses soucis matériels qu'il fait un jour le compte de sa carrière : « Savez-vous combien j'ai gagné d'argent depuis que je travaille, depuis que j'existe ? demande-t-il un jour à un jeune poète. Total des bénéfices de toute ma vie : quinze mille huit cent quatre-vingt-douze francs et soixante centimes ! » Tout est dit.

Affaibli par des attaques cérébrales, rongé par la syphilis, le poète décède à 46 ans, le 31 août 1867. Sa mère met un point d'honneur à rembourser toutes ses dettes sur le capital restant et empoche encore 7 500 francs d'héritage. Quant aux *Fleurs du mal*, elles sont cédées à l'éditeur Michel Lévy pour 2 000 francs, alors qu'on les évalue à 4 000. Humilié jusqu'au bout.

*

* *

La vraie histoire des crétins des Alpes

Au XVIIIe siècle, les quelques voyageurs qui s'aventuraient dans les vallées alpestres rapportaient à la fois des souvenirs grandioses et des visions inquiétantes : celles des crétins et des goitreux des Alpes, de pauvres hères qui avaient subi un terrible dysfonctionnement de la thyroïde en raison du manque d'iode dans ces terres reculées. Ces simplets difformes étaient ainsi devenus des êtres insolites et pittoresques, que l'on cherchait presque à croiser au bord du chemin, comme l'ours au fond des forêts…

« Les imbéciles, qu'on appelle crétins, sont en grand nombre, explique ainsi Thomas Martyn dans son *Guide du voyageur en Suisse*, publié en 1788, en évoquant le Valais. Ici, les goitres ou cous enflés commencent également à être communs. Leur corps ressemble à celui d'un nain, la physionomie est difforme et sombre, et l'esprit dépourvu de toutes ses facultés. Il ne reste dans quelques-uns qu'un mouvement lourd et pesant, avec une grimace qui ne signifie rien ou qui montre seulement que le crétin est un simple animal vivant. » Certains iront même jusqu'à les placer en dessous de l'animal, c'est dire la considération qu'on avait pour ces malades...

Vers 1850, la France recense environ 20 000 crétins et 100 000 goitreux dans ses régions montagneuses, notamment autour des massifs des Alpes et des Pyrénées, soit vingt-quatre départements touchés, ce qui est loin d'être négligeable. « Le crétin est de petite taille et son infantilisme se poursuit longtemps, détaille un médecin de l'époque dans sa thèse. Le front est bas, le faciès souvent ridé, la mimique inexpressive. Quant à l'état mental, il va de l'idiotie jusqu'à l'arriération simple, suivant les cas. »

Car la Faculté commence fort heureusement à s'intéresser au sujet : des études sont lancées, des experts décortiquent causes et symptômes. Tout y passe, on met en cause les miasmes d'altitude, la toxicité géologique, la qualité des eaux, la consanguinité des familles... Quelques médecins pionniers, notamment suisses, pointent du doigt le déficit d'iode dès le premier quart du XIXe siècle, mais ne seront guère écoutés.

« L'histoire du crétinisme et de son éradication est celle d'un retard, estime l'historien Antoine de Baecque dans son ouvrage *Histoire des crétins des Alpes*. Celui d'une recherche médicale qui, par ses hésitations, ses disputes, ses certitudes aveugles et ses susceptibilités mal placées, a sacrifié à sa prudence et à ses dissensions trois générations de crétins. » Soit environ 50 000 hommes, femmes et enfants entre 1830 et 1900, tous victimes de handicaps qui auraient pu leur être évités.

Pendant ces années, on cache ces malheureux dans les familles ou les asiles, les villages faisant souvent œuvre de charité en leur trouvant de simples emplois agricoles. Certains aliénistes prônent un début de suivi, une forme de rééducation dans des centres adéquats, notamment en Suisse, mais qui restent marginaux. On tente des expériences innovantes, comme cette fameuse chorale de la Salpêtrière, où des crétines sont mélangées à d'autres patientes pour interpréter quelques œuvres en public, souvent avec brio. L'idée est d'occuper ces malheureuses avec un agenda précis, dessin, musique, répétitions, promenades, le tout rythmé par des prières et des cantiques, l'Église prenant part à la « sainte croisade contre le mal ».

En marge de cette prise en charge, d'autres pratiques bien plus discutables sont menées, comme des opérations d'ablation de goitre ou des études scientifiques variées faisant du crétin un cobaye, sujet d'expériences d'autant plus faciles à réaliser que les familles s'en détournent.

Il faut attendre le début du XXe siècle pour que l'on songe enfin à s'attaquer aux racines du mal par une prophylaxie adaptée. Encore une fois, l'initiative viendra de Suisse, où, dès 1922, on commence enfin à distribuer du sel de cuisine iodé à la population, ainsi que des pastilles spécialement préparées pour les enfants. En quelques années, la diminution du crétinisme et la forte réduction des goitres sont sidérantes : tous les pays limitrophes adoptent la solution sanitaire. Le crétin des Alpes disparaît rapidement, ne devenant plus qu'une insulte, passée désormais à la postérité.

*
* *

Quand La Goulue faisait le coup de poing à Montmartre

En 1889, La Goulue fait son entrée au Moulin Rouge, qui ouvre ses portes l'année de la grande Exposition universelle à Paris. La danseuse est le clou des spectacles donnés dans le cabaret, la star de la capitale, la reine du fameux quadrille où elle sait comme personne lever la gambette et retrousser ses dessous jusqu'au nombril… Fille de blanchisseuse, La Goulue a connu la misère, les coups, la prostitution, avant d'imposer sa gouaille et son art dans le fameux cancan qui excite les mœurs de la IIIe République triomphante : « Une perle tirée d'une fosse d'aisances », disait-on d'elle dans la presse bien-pensante de l'époque, qui voyait en elle le vice incarné. La Goulue s'en moque : toute publicité est bonne à prendre, plus on la connaît, plus elle fait monter les prix…

À 23 ans, elle triomphe enfin au Moulin Rouge, payée 600 francs par mois – plus les extras –, soit le triple d'une danseuse lambda. « Fini, la période de vaches maigres, explique sa biographe Maryline Martin. Elle fait confectionner ses jupons dans une célèbre échoppe de la Chaussée-d'Antin, se promène en phaéton, commande un diadème à son nom d'artiste, va devenir la maîtresse du prince de Galles, futur roi d'Angleterre, provoque son monde en arrivant au Moulin Rouge avec un bouc en laisse, pour s'insurger contre l'interdiction pour les femmes d'entrer dans un lieu public sans être accompagnées par un mâle… Elle serait aujourd'hui une star de la téléréalité, poursuit l'autrice. Elle joue avec la presse, sait attirer la lumière et fait des procès facilement pour qu'on ne la perde pas de vue. »

Tous les soirs, à 23 heures pétantes, elle fait rouler son chahut devant une foule surexcitée composée d'employés, de rupins et d'aristos en goguette venus s'encanailler sur les contreforts de Montmartre… Entre ses consœurs Grille d'égout, Nini Patte en l'air ou la Môme fromage – un temps sa maîtresse –, La Goulue enchaîne les tourbillons, soutenue par son danseur favori, Valentin le Désossé, et croquée par son ami Toulouse-Lautrec. Toujours arrimé au comptoir avec sa flûte de champagne, le peintre l'immortalisera comme tête d'affiche du cabaret. « Un chic type, disait-elle de lui. Il était riche, mais il n'était pas comme les autres hommes. Il me grandissait… »

Pendant six ans, elle va régner sur le parquet et surveiller ses rivales, ne supportant pas qu'on lui manque de respect. « Gale et teigne, on n'osait pas vraiment, certains soirs, lui adresser la parole », rapporte Yvette

Guilbert dans ses Mémoires. Ceux qui l'embrouillent n'ont qu'à bien se tenir, elle les corrige hors les murs du Moulin Rouge – à l'intérieur, elle se ferait houspiller par la direction. « Après la représentation, rapporte Maryline Martin, elle fixait rendez-vous à celles qui lui cherchent chicane sur le pont Caulaincourt surplombant le cimetière de Montmartre. Un endroit discret, où seuls les morts peuvent être réveillés… C'est là qu'elle se bat parfois avec les nouvelles recrues. » Et ce n'est pas toujours elle qui gagne. Ainsi, elle faillit un jour passer par-dessus la rambarde à une heure du matin après avoir voulu corriger une fille nommée Aïcha, plus rebelle que les autres – par les hasards du showbiz, celle-ci sera la grand-mère de la future Édith Piaf…

La suite est une lente descente aux enfers. La Goulue quitte le Moulin Rouge pour se mettre à son compte dans les fêtes foraines, puis elle devient dompteuse, manque de se faire dévorer par un lion, loupe la mode du music-hall où Mistinguett prend la relève et règne quasi sans partage… L'ancienne star de Montmartre finit ses jours chez les chiffonniers, alcoolique et édentée, vendant des cigarettes et des confiseries aux abords de Pigalle. Elle disparaît en 1929, misérable et oubliée, emportant dans le tombeau les derniers confettis de la Belle Époque.

*
* *

Abdul, le dernier caprice de l'impératrice Victoria

Les Windsor ont de qui tenir : si leur ancêtre Victoria, qui a régné au XIXe siècle, a laissé l'image d'une souveraine rigide et puritaine, la réalité était tout autre... La reine a entretenu des relations très spéciales avec ses domestiques après la mort de son cher Albert. On la vit d'abord s'enticher de son fidèle valet écossais John Brown, un garde-chasse bourru et franc, une force de la nature, qui devient à la fois confident, consolateur, garde du corps, et sans doute amant occasionnel, même si aucune preuve n'est venue étayer les rumeurs... À la mort du valet, en 1883, la reine ira jusqu'à faire ériger un buste en sa mémoire et rédigera elle-même sa notice nécrologique dans le *Times*.

Victoria se trouve de nouveau seule... Désormais impératrice des Indes, elle s'entoure de plusieurs domestiques indiens. Elle en aura jusqu'à sept, tous employés à l'origine pour la servir à table. Parmi eux, Abdul Karim, 24 ans, le plus beau d'entre tous : fin, racé, ambitieux, il va rapidement prendre une importance démesurée dans la vie de la souveraine – une relation explorée par

Stephen Frears dans son film *Confident Royal.* Tout les oppose : le rang bien sûr, mais aussi la langue, l'âge, la religion... Et pourtant une tendre amitié va naître entre l'impératrice et son domestique musulman. Elle l'apprécie sans réserve, met à son service un précepteur anglais, lui fait des confidences... De son côté, il lui apprend quelques mots d'hindoustani, l'initie aux coutumes de son pays et lui fait goûter le curry, dont elle raffole. Quand il souffre d'un abcès au cou, Sa Majesté lui rend visite deux fois par jour et remet d'aplomb ses oreillers !

Abdul, fine mouche, profite très vite de sa situation : Victoria lui donne du galon, elle le dispense du service de la table, l'élève au rang de *munshi,* ce qui peut se traduire par professeur. Il fait désormais partie intégrante de sa suite et récupère même la chambre du défunt Brown, à Balmoral. Évidemment, l'entourage commence à tousser... Abdul est détesté par ses collègues, qui le trouvent odieux, la cour est atterrée et la famille royale ne voit en lui qu'un profiteur, un escroc et un imposteur. Mais Victoria lui pardonne tout. Son Munshi est désormais partout : lors des réceptions, on le voit parader en turban et costume grenat à galons d'or, il veut sa place tout près de la souveraine, ce qui entraîne des complications protocolaires. En 1894, au mariage de l'un des petits-fils de Victoria, il se trouve relégué avec les domestiques : furieux, il quitte la cérémonie et envoie un mot de protestation à l'impératrice, qui éclate en sanglots. Pour se faire pardonner, elle lui accorde une calèche et un valet...

Les rumeurs vont bon train, évidemment. Quelle a vraiment été la nature de leur relation ? Victoria est une vieille dame, qui va sur ses 80 ans, elle porte avant tout sur Abdul un regard de mère et noue avec lui une amitié quasi filiale. « Il est si bon, si doux, il comprend tout ce que je veux, écrira-t-elle. C'est un réel confort pour moi. » L'Indien accumule l'or et les honneurs : l'impératrice lui cède des terres, des maisons, il joue les secrétaires et jette parfois un œil sur les dépêches du vice-roi des Indes ! On le soupçonne même d'être en liaison avec des mouvements anticolonialistes, *via* des amitiés suspectes. Abdul devient dangereux : on met Victoria en garde, on a monté contre son favori un dossier qui fait état de vols, mensonges et impostures. La vieille souveraine est ébranlée, mais refuse de s'en séparer, pour éviter tout scandale.

À sa mort, en 1901, son fils Édouard VII convoque le Munshi et lui demande de rendre l'intégralité des lettres que sa mère lui a envoyées au cours de leur curieuse amitié. Tous les documents sont immédiatement brûlés dans la cheminée. C'était la condition pour que le fidèle Abdul puisse voir une dernière fois l'impératrice sur son lit de mort, avant de se retirer définitivement de la cour.

*

* *

Adolphe Thiers, le président polygame

Il avait l'ambition d'un Rastignac et un appétit sexuel singulier... Si la phrase peut coller à nombre de responsables politiques – François Mitterrand, Jacques Chirac ou même Nicolas Sarkozy –, elle résume également avec justesse la carrière de notre deuxième président de la République après Louis-Napoléon : Adolphe Thiers, haï par la gauche pour avoir écrasé la Commune de Paris en 1871, énergique Méridional, homme politique phare du XIXe siècle, qui, côté privé, va vivre avec trois femmes différentes sous le même toit, toutes issues de la même famille, qui plus est.

Ce jeune ambitieux s'entiche d'abord de l'épouse de son bienfaiteur, pas trop pointilleux semble-t-il sur la question, un nommé Alexis Dosne, homme d'affaires fortuné qui pousse son protégé dans les milieux libéraux. Mme Dosne n'est pas en reste : elle croit tellement en Thiers qu'elle devient rapidement sa maîtresse. Mais pour garder son champion à ses côtés, elle lui fait épouser sa fille Élise, 15 ans, pendant que le père et mari partent prospérer en province. Tout ce petit monde s'installe dans le même logis, à Paris, tenu d'une main de fer par Mme Dosne, qui régente tout en reine mère, pendant qu'Élise sombre dans l'aigreur et les caprices. À ce duo s'ajoute une troisième venue, Félicie, la seconde fille de Mme Dosne, confite d'admiration pour le brillant politique. Elle finit logiquement dans son lit.

« C'était une situation exceptionnelle pour l'époque, explique Clémentine Portier-Kaltenbach, qui évoque le ménage à trois dans son *Embrouilles familiales de l'Histoire de France*. Les grands bourgeois avaient souvent une double vie, mais avec une maîtresse extérieure. Thiers, lui, assume avec du panache et un certain égoïsme, car toutes ces femmes vivront pour lui et sa gloire. » Adolphe dispose ainsi d'une sorte de harem à domicile, pendant qu'il gravit les marches du pouvoir : journaliste, académicien, président du Conseil... Rien ne semble résister à tous ses appétits. La presse people n'existe pas encore, mais les chansonniers s'en donnent à cœur joie dans des couplets salaces : « Tous trois sont ravis/ Quand ils sont au lit/ Quelle belle famille unie/ Ah ! Monsieur Thiers, quelle est donc votre moitié ? » On cohabite tant bien que mal entre non-dits et jalousies, on soupe autour de la même table, on passe ses veillées entre soi, on voyage ensemble... Quand Thiers doit abréger une réunion pour regagner son domicile, il use toujours de la même phrase : « Ces dames m'attendent... » Chacun comprend ce qu'il veut : dans les salons, on s'amuse des « trois moitiés de M. Thiers ».

La chute de Napoléon III lui ouvre les portes du pouvoir. Quand il est élu président de la République, en août 1871, il ne peut partager sa gloire avec Mme Dosne, décédée deux ans plus tôt. Mais il vit toujours avec les deux sœurs, selon un rituel bien précis : à Élise les honneurs officiels, puisqu'elle devient la première « Première Dame » de l'histoire de la République française ; à Félicie le rôle de secrétaire particulière, si bien qu'on la nomme bientôt la « demoiselle d'État ». Toutes deux règnent sur l'Élysée, elles suivent de près les rénovations, préparent les réceptions – avec une certaine pingrerie semble-t-il – avant d'éteindre les lustres à minuit et de rentrer à leur domicile versaillais. La presse, plus libre, se fait ironique en évoquant le vieux chef d'État : « Je n'ai Montespan ni Fontanges, La Vallière ni Maintenon ; mais j'ai Madame Thiers un ange, et Félicie, un joli nom... » Adolphe Thiers emportera ses femmes dans la tombe, puisque mère et filles reposent pour l'éternité à ses côtés, dans un colossal mausolée au Père-Lachaise. C'est ce qu'on appelle rester fidèle à ses amours.

*

* *

La République des chauds lapins

Sexe et politique ont toujours fait bon ménage... à condition que cela ne dépasse pas les alcôves du pouvoir. Ce qui deviendra de plus en plus délicat avec l'avènement d'une presse puissante et bon marché lors de l'enracinement de la IIIe République à la fin du XIXe siècle. L'opinion est désormais libre, et une concurrence féroce s'établit entre des grands titres populaires qui prospèrent sur les scandales divers et variés du nouveau régime, parmi lesquels les incartades des puissants prennent peu à peu une place de choix...

Le premier épinglé sera le président Félix Faure, mort subitement en plein orgasme dans les bras de sa maîtresse Marguerite Steinheil à l'Élysée en 1899 – il aurait succombé à une gâterie entre deux rendez-vous... Embarras de l'entourage présidentiel, on évacue la courtisane, on cache les faits à la famille, pas question de ternir l'image du chef de l'État en pleine affaire Dreyfus, à une époque où la République est malmenée à la fois par la droite extrémiste et par les monarchistes... Mais la presse finit par broder sur l'affaire et rapporter à demi-mot les coulisses d'une mort croustillante qui intrigue le Tout-Paris. Marguerite Steinheil gagne le surnom ravageur de « Pompe funèbre » et on prête à Georges Clemenceau, qui n'aimait guère le président, la fameuse épitaphe : « Il voulait être César, il ne fut que Pompée... »

Clemenceau qui lui-même n'échappa pas aux rumeurs, lui à qui on prête des centaines de conquêtes... Divorcé et grand coureur de jupons, il alla même donner le prénom de l'une de ses maîtresses – la fameuse Léonide Leblanc – à une ânesse qui, comme elle, avait « de grands yeux humides, la langue chaude et le poil luisant ». Il sut toutefois rester plutôt discret et éviter le lynchage public, contrairement à Joseph Caillaux, qui fit l'objet en 1914 d'une campagne de dénigrement du *Figaro*, parti en guerre contre ce ministre progressiste : le quotidien publia notamment les lettres intimes envoyées à Henriette, celle qui deviendra la seconde épouse du ministre, alors qu'il était toujours marié... Excédée par ce grand déballage, qui met les Français au courant de missives très privées où se mêlent sentiments et politique, Henriette Caillaux tue à coups de pistolet le patron du *Figaro*, ce qui met temporairement un terme à la carrière de son mari.

La IVe République connut elle aussi son grand scandale avec la sordide affaire des « Ballets roses » qui a défrayé la chronique à la fin des années 1950, lorsqu'un policier est accusé de détournement de mineures... Ce dernier avoue organiser des parties fines, avec strip-tease et chorégraphies dénudées entre personnalités et adolescentes dans différents lieux comme le Palais-Bourbon, l'Opéra et le pavillon du Butard, un relais de chasse attribué au président de l'Assemblée nationale... Plus d'une vingtaine de personnalités sont inculpées, dont André Le Troquer, figure de la Résistance, avocat, ex-député et président de l'Assemblée – il sera condamné à un an avec sursis en raison de son âge (75 ans) et d'un « long passé de services rendus ».

L'arrivée de De Gaulle au pouvoir n'alimente guère la rubrique des scandales. Lui-même se méfie comme de la peste des photographes et journalistes, et sa vie privée n'offre aucune prise aux rumeurs. Ce qui ne sera pas le cas de Georges Pompidou, qui aime fréquenter les célébrités et s'accorder des excursions jet-set à Saint-Tropez, au grand dam du président. C'est dans ce contexte que va exploser en 1969 l'affaire des fausses parties fines de Mme Pompidou – en réalité des montages photographiques à partir de clichés pris lors de soirées libertines. Les photos circulent sous le manteau, la rumeur devient insistante, Georges Pompidou est furieux de voir son épouse ainsi salie et pointe du doigt un complot destiné à briser son destin politique – il conservera longtemps sur lui la liste de ceux qui ne l'ont guère soutenu pendant cette épreuve...

Les présidents suivants pourront compter sur l'efficace loi de 1970 qui vient protéger la vie privée de tout citoyen... La presse française se montre alors plus discrète sur l'intimité des puissants, même si quelques affaires viennent défrayer la chronique, comme en 1974, quand Valéry Giscard d'Estaing est soupçonné d'avoir percuté à l'aube la camionnette d'un laitier, alors qu'il se trouvait en galante compagnie... Pour François Mitterrand, il faudra que les Français attendent la couverture de *Paris Match*, en 1994, pour découvrir que le président avait une seconde famille et une fille cachée, une révélation qui fera l'effet d'une bombe. Quant à Jacques Chirac, grand tombeur de ces dames – comme ses prédécesseurs –, il saura éviter les scandales en restant particulièrement discret.

Ce qui n'est pas le cas de Nicolas Sarkozy, qui ouvre la boîte de Pandore en peopolisant à l'extrême sa vie privée : il ne va cesser de mettre en scène sa famille, avant de se faire piéger en retour, lorsqu'il traverse une sérieuse crise de couple avec sa deuxième épouse Cécilia : rupture, infidélités, retrouvailles, divorce, puis remariage avec le mannequin Carla Bruni, rien ne sera épargné aux Français, qui s'invitent quasiment dans le salon puis la chambre à coucher du leader de la droite française… Et que dire de l'affaire Strauss-Kahn, en mai 2011, lorsque le favori de la gauche à la présidentielle voit sa carrière stoppée net par une affaire de mœurs dans une suite du Sofitel de Manhattan ? Pendant des semaines, la presse américaine et française décortique sous toutes les coutures la vie intime de l'ancien ministre socialiste, livrée en pâture au public…

Les paparazzis ont tout juste le temps de reposer leurs boîtiers qu'ils enchaînent avec les frasques de François Hollande, immortalisé pour l'Histoire en scooter lorsqu'il se rend à ses rendez-vous galants avec Julie Gayet. La une de *Closer*, en janvier 2014, déclenche un véritable scandale, en France comme à l'étranger, et entache durablement l'image du président… À l'ère de l'info immédiate, de l'omniprésence du web et de la toute-puissance des réseaux sociaux, les nouveaux princes de la République doivent faire preuve d'une moralité victorienne… ou d'une prudence de Sioux.

*
* *

Quand la tour Eiffel était vomie par le Tout-Paris

« Profanation », « tour de Babel », « lampadaire tragique », « tuyau d'usine », « monstre de fer », « odieuse colonne ». On ne peut pas dire que l'édification de la tour Eiffel dans Paris, en 1889, ait été accueillie par des vivats d'enthousiasme. Faut-il s'en étonner ? Aujourd'hui comme hier, les audaces architecturales doivent bien souvent composer avec une opinion publique plutôt conservatrice sur le sujet – l'édification de Beaubourg au cœur des Halles ou encore la construction de la pyramide du Louvre peuvent en témoigner…

Pour la tour audacieuse de Gustave Eiffel, les hostilités commencent dès 1886 avec la publication d'un article à charge de l'architecte Léopold Hardy dans *La Revue de l'architecture et des travaux publics*. « La tour est dangereuse, écrit-il. Elle écrasera tout ce qui est à l'entour et risquera de gâter la silhouette de Paris, si belle avec le dôme des Invalides pour décor… » Un an plus tard, au moment où les travaux commencent, les critiques montent d'un ton avec la publication d'une pétition dans le très sérieux quotidien *Le Temps – Le Monde* de l'époque. « Nous venons, écrivains, peintres, sculpteurs, architectes, amateurs passionnés de la beauté, jusqu'ici intacte, de Paris, protester de toutes nos forces, de toute notre indignation, au nom du goût français méconnu, au nom de l'art et de l'histoire français menacés, contre l'érection, en plein cœur de notre capitale, de l'inutile et monstrueuse tour Eiffel, que la malignité publique, souvent empreinte de bon sens et d'esprit de justice, a déjà baptisée du nom de Tour de Babel ».

Et tous de s'émouvoir de l'image donnée ainsi de la France : « Lorsque les étrangers viendront visiter notre Exposition, ils s'écrieront, étonnés : Quoi ? C'est cette horreur que les Français ont trouvée pour nous donner une idée de leur goût si fort vanté ? Et ils auront raison de se moquer de nous. » Cette violente charge est signée à l'époque par le Tout-Paris de cette fin du XIXe siècle, plus de cent quarante signatures, dont celles des écrivains Guy de Maupassant, Émile Zola, Alexandre Dumas fils, du fameux acteur Victorien Sardou, des poètes François Coppée et Sully Prudhomme, des architectes Charles Garnier et Joseph Vaudremer, du compositeur Charles Gounod, du peintre Ernest Meissonier, etc.

Eiffel ne se démonte pas et leur répond aussi sec la même année par voie de presse en s'étonnant qu'on critique sa tour avant même sa construction, rappelant qu'elle imposera « force et beauté » et pourra se montrer utile pour la recherche scientifique, en physique, en astronomie comme en météorologie. « La tour sera le plus haut édifice qu'aient jamais élevé les hommes. Ne sera-t-elle donc pas grandiose aussi à sa façon ? Et pourquoi ce qui est admirable en Égypte deviendrait-il hideux et ridicule à Paris ? »

Si l'ingénieur a peu d'appuis chez les célébrités, il comprend qu'il doit s'appuyer sur le grand public pour éteindre les polémiques, comme le rapporte François Vey dans l'ouvrage fort documenté qu'il consacre à la Dame de fer : « Eiffel le pressent, la vraie bataille à mener, c'est celle de l'opinion, car l'élite politique, les chefs d'entreprise et les ingénieurs du pays lui sont acquis. À lui donc de gagner à sa cause la presse, alors en pleine expansion. » Dès lors, il convie régulièrement les journalistes à suivre la construction, notamment ceux du *Figaro*, qui obtiendra plus tard le droit d'installer une petite imprimerie au deuxième étage de la Tour.

En juillet 1888, quatre-vingts chroniqueurs influents se retrouvent invités à un banquet au premier étage de l'édifice, un événement relaté par le menu dans la presse de l'époque… La Tour intrigue, agace, fascine, sa construction se mue peu à peu en épopée. L'année de son ouverture, en 1889, tandis que Maupassant et Alphonse Daudet continuent à déverser leur bile, d'autres décident de grimper sur le nouvel édifice parisien, comme Mallarmé, Charles Gounod, la grande actrice Sarah Bernhardt, autant d'ambassadeurs qui entraînent d'autres célébrités dans leur sillage… Émile Zola, autrefois opposant, finit par monter y déjeuner avec les frères Goncourt, plutôt ravis de leur escapade, s'extasiant sur « l'immensité babylonienne de Paris… ». Même Sully Prudhomme regrette d'avoir signé la protestation et reconnaît « l'œuvre accomplie et victorieuse ».

La bataille est en passe d'être gagnée : deux millions de visiteurs vont se précipiter pour visiter le monument la première année, un record inespéré qui permet à Eiffel de rembourser la moitié du prix de la construction ! En

1900, la Tour est de nouveau à l'honneur pour l'Exposition universelle, attisant encore la curiosité des foules, les gravures et les images se multiplient, faisant d'elle la star incontestée de la Ville lumière. Une nouvelle génération d'artistes l'adopte sans réserve, Apollinaire et Blaise Cendrars la célèbrent, Dufy et Delaunay la peignent sous toutes les coutures avant que le cinéma ne s'en empare. Entre-temps, Eiffel aura eu le temps de sauver une dernière fois sa Tour, qui devait être démontée, en invitant l'armée à s'en servir comme antenne télégraphique. Après la Première Guerre mondiale, elle deviendra plus que jamais l'un des plus beaux symboles de Paris.

*

* *

Sarah Bernhardt : encore plus fort que Taylor Swift !

Cent ans après sa mort, la légende de Sarah Bernhardt est toujours vivace… Il faut dire qu'elle fut la plus grande comédienne française de la Belle Époque, une star adulée sur les cinq continents. Elle avait compris avant tout le monde la force de la presse, alors en plein essor, et la notoriété qu'elle pouvait en tirer en imposant sa personnalité. Et quelle personnalité ! « Elle fut une artiste totale, explique sa biographe Hélène Tierchant. Théâtre, littérature, peinture, sculpture… Elle a exploré tous les genres, même le cinéma encore balbutiant au début du siècle. Dans son atelier, elle sculptait le buste des personnalités qu'elle croisait et a même réalisé une splendide pietà. Son rêve était de faire les Beaux-Arts... »

Fille bâtarde d'une courtisane, Sarah Bernhardt fait ses armes au Conservatoire, puis à l'Odéon. Elle est vite surnommée « la Voix d'or » en raison de son jeu total, triomphe à la Comédie-Française dans les grandes tragédies, avant d'en démissionner avec éclat, ce qui fait scandale mais achève de faire connaître son nom du grand public. Elle monte alors sa compagnie et décide de sillonner les cinq continents dans des tournées qui lui rapportent des millions, vite engloutis dans une vie tapageuse et excentrique. De Londres jusqu'à Sydney, en passant par Constantinople, Moscou, Washington, Rio ou encore Le Caire, la Bernhardt remplit les salles et construit sa légende. « Plutôt mourir que de ne pas devenir la plus grande actrice du monde ! »

Le répertoire est toujours le même : ses grands succès, comme *Phèdre, Hernani,* Théodora, ou bien un florilège de ses meilleures scènes que l'on vient applaudir dans le texte, comme une pop star chanterait ses meilleurs tubes. Elle devient la Française la plus célèbre après Jeanne d'Arc, on la voit parcourir l'Amérique en train spécial, toujours flanquée de ses quatre-vingts malles, allant même louer un chapiteau de cinq mille places pour déclamer ses textes. Un soir, dans le Nebraska, un cow-boy fait un esclandre pour obtenir une place, malgré une salle comble. « J'ai fait trois cents *miles* pour la Bernhardt, et je la verrai ! » lance-t-il en brandissant un revolver...

Elle a compris que pour être connue elle doit donner du grain à moudre à cette nouvelle presse à grand tirage. Cette grande mythomane met donc sa vie en scène, ouvre sa porte aux reporters qui glosent sur le fameux cercueil capitonné qui trône à son domicile, où elle dit s'allonger pour s'imprégner de ses rôles ; ou encore la ménagerie personnelle dont elle aime s'entourer : un loup, un guépard, des caméléons, des singes, des lionceaux, un boa, un koala, et même un alligator rapporté de ses tournées, surnommé Ali Gaga, auquel elle fait boire du champagne… « Un jour viendra où pour continuer à alimenter les cancans des journaux, Sarah Bernhardt se mettra à ramoner elle-même les cheminées ou à faire sa propre cuisine, ironise un jour *Le Figaro*. Et ses amis s'écrieront avec admiration : ce n'est rien de la voir dans *Phèdre*, il faut l'admirer quand elle épluche ses oignons… »

Mais attention, la star peut aussi sortir ses griffes : elle fait un jour les gros titres en montant une opération commando au domicile d'une ancienne amie comédienne, Marie Colombier, qui a sorti un brûlot sur elle, *Les Mémoires de Sarah Barnum*. Armée d'un poignard et d'une cravache, elle saccage son appartement de fond en comble pendant que la coupable file sans demander son reste. L'affaire fait la une de tous les journaux, jusqu'à New York, et le livre qui vivotait en librairie devient rapidement un best-seller, rapportant la somme colossale de 200 000 francs à son autrice.

Et que dire de sa vie privée ! Sur le sujet, elle reste très libre, une Brigitte Bardot avant l'heure qui n'hésite pas à lancer : « L'amour, c'est un coup d'œil, un coup de reins, et un coup d'éponge… » Il faut dire qu'elle est entrée dans la courtisanerie dès sa jeunesse, autant pour payer son loyer que pour accélérer sa carrière. Quand les journalistes l'interrogent sur le père de son fils, elle botte en touche : « Je ne me souviens jamais si c'est Victor Hugo, Gambetta, ou le général Boulanger ! » De fait, la liste de ses amants est impressionnante : patrons de théâtre, journalistes, mondains, ministres, le grand comédien Mounet-Sully, l'empereur Napoléon III, mais aussi le prince de Galles Édouard VII, qui vient régulièrement l'applaudir…

Elle finit sa vie en apothéose en devenant la patronne du Théâtre des Nations, place du Châtelet, signant un bail de vingt-cinq ans avec la Ville de Paris. Libre de ses choix, elle dirige ses comédiens, décide des costumes et des décors, et fait salle comble avec *Hamlet* et surtout *L'Aiglon*, d'Edmond Rostand : elle a plus de 50 ans, le fils de Napoléon Ier est censé avoir 20 ans, mais qu'importe ! On vient de toute la France et l'Europe pour applaudir « la Divine », même le Kaiser voudra voir la pièce… Jusqu'au bout, l'actrice s'impose une discipline de fer pour entretenir sa silhouette, avec bicyclette de chambre et bateau à rames. À 66 ans, elle tente les premières opérations esthétiques, d'abord à Chicago puis à Paris pour pratiquer un lifting qui lui donne un coup de jeune. Juste à temps pour tourner ses premiers films, dont *La Dame aux camélias*, rebaptisée Camille, qui la fait triompher aux États-Unis…

À la fin de sa vie, il ne lui reste que 10 000 francs sur les 45 millions de francs-or qu'elle a amassés dans sa carrière – environ 185 millions d'euros. Elle vend ses biens, ses bijoux, mais refuse de céder la jambe qu'on a été obligé de lui couper pour éviter la gangrène : un Américain voulait la faire naturaliser pour l'exhiber à travers l'Amérique ! La comédienne trouve encore la force de monter des pièces patriotiques pour soutenir les Poilus de 1914 et va même jusqu'à jouer devant eux sur le front. Quand elle s'éteint au printemps 1923, un million de Parisiens accompagneront son cercueil jusqu'au Père-Lachaise.

*
* *

Les Rockefeller : l'aïeul du clan était un sacré filou

Par leur seul nom, les Rockefeller symbolisent la réussite, la puissance et l'argent : en quelques décennies, dès la fin du XIXe siècle, ils vont asseoir leur fortune en devenant les rois du pétrole, notamment à travers le flair et l'ambition de John D. Rockefeller, qui va jeter à lui seul les fondations d'un véritable empire, devenant ainsi l'homme le plus riche du monde… Ce que l'on connaît moins, c'est l'histoire de son père, William Avery Rockefeller, surnommé « Bill le Diable », un aventurier doublé d'un escroc qui fit feu de tout bois pour arrondir son magot.

Tout commence dans la première moitié du XIXe siècle, quand les États-Unis se construisent tout juste tandis que l'Europe domine encore le monde… William Rockefeller est un garçon fugueur et vagabond, un temps bûcheron, avant de s'improviser colporteur.

À bord d'un chariot bâché, il rayonne autour de New York, pousse parfois jusqu'au Massachusetts pour vendre ses breloques, en se faisant notamment passer pour un sourd-muet – une façon d'attendrir la clientèle et de glaner des infos intéressantes… Dénué de scrupules, décidé à faire fortune, le charlatan se prétend même médecin et écoule ses produits miracles aussi bien chez les Indiens que dans les bourgades, facturant 25 dollars la consultation, une somme colossale pour l'époque.

En 1837, il épouse une fille de fermiers prospères, Eliza Davison, qu'il trompe rapidement avec la femme de ménage. Incapable de rester en place, Rockefeller repart régulièrement sur les routes pendant des mois, s'adonnant à tous les trafics, ne revenant chez lui que pour donner à son épouse l'argent qui lui permet d'élever le clan, six enfants, dont le fameux John, l'aîné des garçons et futur magnat du pétrole. Le père aime plastronner : vêtements chics, montre en or, il sort ses liasses de billets pour régler les dépenses, embauche des employés pour seconder sa femme et exhibe parfois de mystérieux diamants sortis de ses poches pour impressionner son entourage…

Mais « Bill le Diable » n'est jamais aussi heureux que sur les routes, libre de courtiser les femmes et de s'inventer des vies. Lors d'une tournée au Canada, il devient carrément bigame en épousant une jeune femme de vingt-cinq ans sa cadette, cachant ce second foyer à son épouse. Il se proclame grand spécialiste du cancer et reçoit ses patients à prix d'or dans des chambres d'hôtel au long de ses étapes. Quand il rentre à la maison, Bill le Diable prend soin d'apporter une pièce d'or à ses enfants et les initie à l'art du marchandage : « Je filoute mes garçons chaque fois que je le peux, je veux en faire des durs à cuire », explique-t-il à ses voisins.

Il faut croire que ses méthodes musclées ont porté leurs fruits... Son aîné, John, fondateur de l'empire Rockefeller, sera fortement impressionné par ce père aventurier, qui va lui inculquer le goût de l'argent et le sens du business. Le garçon prend très tôt des responsabilités dans ce foyer privé de père, éduqué à coups de maximes toutes faites : « Ne fais jamais comme les autres, suis ton propre chemin », « Paie tes dettes, réclame ton dû », ou encore « Ne fais confiance à personne, pas même à moi ». Sa mère n'est pas en reste, elle lui transmet de stricts préceptes religieux et le sens de l'économie : « Au gaspillage suit pénible carence... »

John gagne ses premiers dollars en s'adonnant à de petits trafics, d'abord des sucreries pour ses copains, puis en engraissant des dindes avec bénéfices ou en prêtant ses économies à des fermiers à un taux de 7 %. À 16 ans, son père lui intime l'ordre de travailler – sans doute a-t-il du mal à entretenir ses deux foyers... Il devient alors assistant comptable à Cleveland, puis investit dans une entreprise de négoce, avant de récupérer sa mise et de se lancer dans le pétrole, en créant la Standard Oil avec le succès que l'on connaît.

Quant à son père, on perd sa trace dans la seconde moitié du XIXe siècle. Il continue à vendre ses mixtures abominables, abuse ses clients et croise ses enfants par intermittence, jusqu'à sa mort en 1908, date à laquelle la famille apprend sa bigamie... Même si la figure de « Bill le Diable » a toujours fait un peu tache dans la généalogie des Rockefeller, John n'a jamais renié ce père atypique. « De fait, il a toujours eu de l'admiration pour ce père aventurier et businessman, explique l'historien Tristan Gaston-Breton dans son livre consacré à la saga de la dynastie. Il lui a appris comment tracer sa route en solitaire, devenir un self-made-man et gagner de l'argent en se montrant rusé et impitoyable, où tous les coups sont permis… »

*
* *

Prix Nobel : merci au marchand de canons

Depuis plus de cent ans, son nom est associé aux prix les plus prestigieux au monde, qui couronnent les bienfaiteurs de notre humanité – le Nobel de la paix étant sans nul doute celui qui confère à son lauréat une aura hors du commun. Et chaque année, une somme rondelette (900 000 euros) sort des tiroirs de la célèbre fondation pour récompenser scientifiques, militants ou hommes de lettres. Mais d'où vient donc cet argent qui semble inépuisable ? Tout bonnement de l'invraisemblable fortune accumulée au cours du XIXe siècle par le chimiste Alfred Nobel, un bourreau de travail solitaire et misanthrope, qui ne cessa de perfectionner des explosifs toute sa vie. Le champion de la philanthropie dans la peau d'un marchand de canons, l'image semble quelque peu provocante, mais il est vrai que l'argent n'a pas d'odeur.

Tout commence en 1860, quand ce fils d'industriel – son père fabriquait entre autres des mines antipersonnel – travaille sur la nitroglycérine. Des expériences particulièrement dangereuses qui emportent un jour son frère dans un malheureux accident. Alfred Nobel ne se décourage pas pour autant et met au point un détonateur qui permet de maîtriser l'explosion, avant d'inventer la dynamite, appelée à jouer un rôle extraordinaire dans les grands chantiers qui jalonnent l'ère industrielle... et dans des conflits de plus en plus meurtriers.

Il multiplie les découvertes, comme une poudre sans fumée, pour fusils et canons, qui équipe bientôt la plupart des grandes armées. Puis découvre la « gélatine explosive », une pâte de nitroglycérine chimiquement stable et insensible aux chocs, l'ancêtre de ce fameux plastic qui fera plus tard le bonheur des terroristes... À la fin du siècle, son empire repose sur 355 brevets et compte des usines sur tous les continents, dont celle de Bofors, en Suède, spécialisée dans l'armement. Nobel vend à tout le monde, Français comme Allemands, Russes et Américains, et prône une concurrence féroce entre ses différentes sociétés. À la fin, l'argent tombe dans la même caisse : la sienne.

Au soir de sa vie, retiré en Italie, à San Remo, on le dit de plus en plus amer. Il a couru le monde pour défendre ses inventions, ouvrir des usines et amasser des millions. Mais Nobel reste un homme seul, sans femme ni enfant. La petite histoire raconte qu'il tombe un jour sur un article annonçant sa mort prématurée et reste foudroyé par le titre : « Le marchand de mort est décédé ». Un peu réducteur en réalité, car ses inventions ont permis de faire avancer la technique et l'industrie, avant le cataclysme de 1914-1918 qui fera alors apparaître leur puissance de destruction. En tout cas, l'article aurait agi comme un puissant révélateur, poussant le nabab à se soucier de l'avenir de l'humanité.

En réalité, Alfred Nobel est depuis longtemps pétri de contradictions et sensible à certains idéaux. À 20 ans, il maîtrisait déjà cinq langues et consignait dans un carnet les plus grandes pensées philosophiques, qu'il aimait commenter de sa plume. Amoureux de littérature, il a écrit des poèmes, des pièces de théâtre et s'est même lié à Victor Hugo, qui l'appelait « le vagabond millionnaire ». Il s'est également rapproché de la célèbre pacifiste autrichienne Bertha von Suttner, qui fut un temps sa secrétaire, et qui le convainquit d'adhérer à l'association autrichienne pour la paix et d'ouvrir largement son portefeuille à la cause, premiers jalons d'une marche vers un certain altruisme…

À la fin du XIXe siècle, Alfred Nobel se retrouve sans famille, sans attaches : éprouve-t-il soudain des états d'âme ? C'est en tout cas la conviction d'Albert Einstein, qui déclare en 1945 : « Il inventa un explosif plus puissant que tout ce qui existait auparavant, un extraordinaire moyen de destruction. Pour calmer sa conscience, il créa les prix Nobel… » Le millionnaire rédige alors plusieurs fois son testament avant d'en écrire la version définitive, condensée sur une seule page, en novembre 1895, à Paris, quelques mois avant sa mort. Après avoir énuméré une liste de legs pour ses proches, il définit ainsi l'emploi futur de sa colossale fortune à l'odeur de soufre : « Le capital, réalisé en valeurs sûres par mes exécuteurs testamentaires, constituera un fonds dont l'intérêt sera distribué annuellement comme récompense à ceux qui, au cours de l'année écoulée, auront rendu à l'humanité les plus grands services. »

Cinq parts égales, pour honorer la médecine, la chimie, la physique, la littérature et la défense de la paix. Les membres de la famille, qui voyaient s'envoler le magot, ne l'entendent pas de cette oreille, et il faudra deux ans pour trouver une transaction amiable dans laquelle les héritiers s'engagent à renoncer à toute réclamation. Après les états de biens, la fortune d'Alfred Nobel atteint 32 millions de couronnes. Cent ans plus tard, elle frôle les 336 millions d'euros, dont les intérêts servent toujours la bonne cause.

LE XXe SIÈCLE

*
* *

Comment un Bonaparte a fondé le FBI

L'esprit de réforme des Bonaparte n'a pas seulement soufflé sur la France... La preuve : l'un de ses descendants a fait une brillante carrière politique aux États-Unis dans l'ombre de Theodore Roosevelt, au point de finir Attorney General – l'équivalent du ministre de la Justice – et de fonder le FBI... Par quel mystère un Bonaparte se retrouve-t-il aux États-Unis au XXe siècle ? L'explication relève à la fois de l'aventure et de l'amour, comme l'explique l'historien Pierre Branda, spécialiste des Bonaparte. « Son grand-père, Jérôme Bonaparte, frère de l'Empereur, faisait partie du corps expéditionnaire de Leclerc envoyé à Saint-Domingue, dans le but de reconstituer un empire français en Amérique, en s'appuyant sur la Louisiane. Jérôme fait ensuite un saut sur la côte est des États-Unis et se met à fréquenter une jeune beauté de Baltimore, Elizabeth Patterson, la fille d'un riche négociant de la ville, qui devient son épouse et lui donnera un garçon surnommé Bo... » Mais le père doit rompre. Napoléon brise ce mariage qu'il trouve déshonorant, il a d'autres projets pour Jérôme dans la partie d'échecs qu'il livre sur le continent.

Le jeune Bo connaîtra son père et les Bonaparte bien plus tard, après l'abdication de l'Empereur. Il fait des études à Genève, avant d'épouser à son tour une Américaine, qui donnera naissance à deux garçons, dont Charles J. Bonaparte, le fameux Charlie, en juin 1851. Après des études dans une école française de Baltimore, Charles intègre Harvard, où il se montre particulièrement brillant, et entame une carrière d'avocat. Il croise alors la route d'un certain Theodore Roosevelt, avec lequel il mène une enquête réussie sur la corruption des fonctionnaires fédéraux de Baltimore. Roosevelt apprécie cet homme au franc-parler, sans concession, auquel son assurance et son côté parfois hautain valent le surnom d'*imperial peacock*, le paon impérial...

Ses origines illustres vont faire les délices de ses détracteurs et des journalistes, notamment quand il commence à cumuler les postes dans l'ombre de Roosevelt, devenu président des États-Unis dès 1901. Sa nomination comme ministre de la Marine fait sensation : la presse imagine un dialogue entre Napoléon Ier et Roosevelt qui annonce à l'Empereur la promotion de son petit-neveu : « J'espère qu'il fera mieux que je ne l'ai fait avec ma marine ! » répond Napoléon, sceptique. Charlie est régulièrement croqué sous les traits de son grand-oncle et raillé pour son côté passéiste. Le ministre refuse en effet de vivre avec l'électricité, s'éclaire toujours à la bougie et ne se déplace qu'en calèche, refusant de grimper dans une automobile. Ses domestiques, quant à eux, portent fièrement un haut-de-forme en soie galonné d'or et la livrée noir et rouge des Bonaparte-Patterson...

Ce puritain, adepte de l'ordre, touche enfin le graal en devenant Attorney General en 1906, à l'âge de 55 ans.

Son but ? Se donner les moyens de lutter contre le crime, la corruption et la fraude avec la création d'une police qui dépendrait du département de la Justice. Le Congrès voit rouge, on dépeint soudain le petit-neveu de l'Empereur comme un nouveau Fouché, mais Charlie Bonaparte passe outre et embauche en 1908 les premiers agents fédéraux qui formeront, quinze ans plus tard, le fameux FBI, sous l'autorité de J. Edgar Hoover… « C'est un peu son 18 Brumaire, résume Pierre Branda. Il a imposé ses vues à des parlementaires qui craignaient la naissance d'une police politique. À l'époque, l'État fédéral avait vraiment besoin de se faire respecter, les États-Unis étaient minés par la corruption, la mafia et les grands trusts qui imposaient leurs lois. L'anarchie n'était pas loin… Et jusqu'ici, l'État ne pouvait que s'appuyer sur des polices annexes ou locales, peu motivées pour travailler avec les services fédéraux. On peut donc dire que c'est un Bonaparte qui a remis de l'ordre aux États-Unis ! »

Charlie l'incorruptible quitte la politique en 1909 en ayant réussi l'exploit de faire mettre un genou à terre au richissime Rockefeller pour non-respect des lois antitrusts : le magnat dut démanteler son empire, du moins en apparence, face à la redoutable offensive menée par le ministre. Ce dernier mourut sans enfant en 1921, après avoir milité pour l'entrée en guerre des États-Unis pendant le premier conflit mondial. Le nom des Bonaparte-Patterson va finalement s'éteindre, son frère ayant eu un fils, mais sans descendance. Sa fille, en revanche, aura cinq enfants : les derniers survivants d'une branche américaine avec du sang Bonaparte dans les veines…

*
* *

Titanic : le naufrage aurait pu être évité

Si l'iceberg est évidemment le premier coupable de la tragédie survenue en 1912, il n'est pas le seul responsable. Lorsque les commissions américaine et britannique remettent leurs rapports quelques mois après le terrible naufrage, elles évitent de nommer vraiment les coupables. Elles s'en tiennent au déroulement des faits, et préconisent surtout des mesures de sécurité, qui seront d'ailleurs mises en œuvre sur les transatlantiques. Mais cent ans plus tard, on peut dégager trois principales causes qui sans aucun doute ont accéléré la mise à mort du navire.

Le premier coupable reste le capitaine Edward John Smith et sa grande désinvolture. Il refuse de tenir compte des nombreux messages d'alerte d'autres navires lui signalant des dérives d'icebergs sur sa route et, pire, il ne ralentit pas la vitesse de son paquebot, qui file à 22 nœuds, soit près de 40 km/h, dans une zone dangereuse. Autant faire du footing dans un magasin de porcelaine… Lancé à cette allure, le paquebot a besoin de quinze cents mètres pour s'immobiliser devant un obstacle. Le bon sens commande de réduire les machines, une décision qui relève finalement de la responsabilité du capitaine, seul maître à bord.

Edward Smith a belle allure avec son impeccable barbe blanche, cette sérénité qui émane de sa personne et un âge inspirant toute confiance. Pourtant, sa longue carrière n'est pas exempte de graves erreurs et de sérieux manquements : il a déjà échoué plusieurs navires près des côtes (sans gravité toutefois), essuyé une explosion de chaudière qui a fait plusieurs victimes, frôlé la catastrophe aux commandes du *Majestic* en échappant de peu à des icebergs à l'endroit même où a coulé le *Titanic*, et laissé enfin son *Olympic* se faire percuter par un croiseur coupable d'une fausse manœuvre à la sortie du port de Southampton. Cela fait tout de même beaucoup…

Alors, pourquoi l'avoir choisi ? Parce qu'il a l'habitude de ces géants des mers, que les équipages le respectent, et qu'il reste surtout l'ami des nababs, qui apprécient son calme et sa conversation – il est surnommé « le pacha des milliardaires » –, argument de poids au moment où plusieurs grandes fortunes se trouvent à bord pour ce voyage inaugural.

La deuxième cause du naufrage est la manœuvre fatale exécutée ce soir-là. Quand les vigies sonnent la cloche d'alerte, l'iceberg de dix-huit mètres de haut est à moins de sept cents mètres de la proue du *Titanic*. L'officier William Murdoch fait virer vers bâbord pour laisser l'obstacle sur la droite, et commande l'arrêt des machines. Le navire frotte alors lourdement l'énorme masse de glace sur près de quatre-vingt-dix mètres, provoquant des ouvertures dans la coque de plusieurs caissons étanches : le *Titanic* est frappé à mort.

À ce stade de la manœuvre, plusieurs réflexes, selon les spécialistes, auraient pu sauver le navire. Si l'officier avait viré vers bâbord en accélérant plutôt que de ralentir, il aurait peut-être pu éviter l'iceberg, ou en tout cas le frotter moins longtemps, et donc limiter le nombre de compartiments inondés. Car le *Titanic* peut flotter avec deux à trois caissons partiellement inondés, mais pas plus de quatre, sur les seize que compte le paquebot. Autre solution : foncer droit sur l'obstacle en ralentissant au maximum, taper la proue, inonder le caisson avant, mais éviter d'en condamner d'autres.

Deux ans plus tard, se souvenant sans doute du sort du *Titanic*, l'équipage du paquebot *Royal Edward* change de tactique en voyant surgir un iceberg à trois cents mètres de la proue au large de Terre-Neuve : il fait machine arrière et laisse le navire le percuter de face. Le premier caisson est inondé, mais le navire ne coule pas. La manœuvre latérale exécutée par Murdoch sur le *Titanic* était la pire de toutes.

Enfin, une enquête datée de 2008, menée par des chercheurs américains sur des pièces remontées de l'épave, met en évidence la mauvaise qualité des rivets, ces pièces métalliques qui assemblaient les éléments d'acier de la coque. Cette étude est primordiale, car on sait désormais que l'iceberg n'a pas fendu ou déchiré le paquebot, mais que la pression de la glace contre la coque a été telle que les rivets ont sauté comme des bouchons de champagne et provoqué les ouvertures fatales à plusieurs endroits.

Les scientifiques américains ont étudié 48 rivets récupérés des profondeurs. Ils se sont aperçus qu'ils étaient de piètre qualité, le fer ayant servi à leur fabrication étant de niveau 3, et non de niveau 4, norme utilisée d'habitude par les chantiers navals. Le constructeur aurait donc préféré des matériaux bon marché pour finir rapidement la construction au moment où une pénurie de rivets devenait problématique. Cette pénurie touchait également la main-d'œuvre, alors que le rivetage nécessite justement une grande qualification.

En outre, des rivets d'acier auraient été nettement plus solides, mais ils n'ont été utilisés que sur la partie centrale du navire. Les chercheurs notent d'ailleurs que les jointures ont justement cédé jusqu'aux rivets d'acier. Autant d'éléments troublants qui jettent un sérieux doute sur la qualité et sur le soin apporté à l'assemblage de la coque, alors que d'autres constructeurs utilisaient déjà l'acier sur tous les rivets de leurs navires. Le symbole triomphant de la technologie industrielle du début du XXe siècle pourrait avoir été victime de mauvais choix techniques afin de tenir, coûte que coûte, les délais de livraison et éviter de faire grimper la facture. Celle-ci se révélera apocalyptique.

*
* *

Le muguet est-il de droite ou de gauche ?

Le mois de mai a toujours été un moment charnière, célébré par différentes civilisations. Pour les Celtes, il s'agit de la fête de Beltaine, le passage de la saison sombre à la saison claire, de l'hiver au printemps en quelque sorte, qui signifie la reprise des activités, le retour dans les champs et le début des expéditions guerrières. De grands bûchers sont allumés, tandis que les druides récitent des incantations. Chez les Romains, la période est encore plus festive, avec le déroulement des Jeux floraux fêtant l'efflorescence de la nature dans toute son exubérance. Pendant plusieurs jours d'affilée, orgies et danses obscènes rythment la vie de Rome en l'honneur de la déesse Flore, dont la statue est représentée chargée de fleurs. Désormais, l'arrivée du mois de mai gardera cet aspect exceptionnel et festif. Au Moyen Âge, c'est celui des accordailles ou des fiançailles entre jeunes gens : on dépose les premières fleurs de la saison devant la porte de la promise, en fonction de ses qualités. À Toulouse, un grand concours de poésie prend le nom de Jeux floraux pour célébrer la langue d'oc : dès le XIVe siècle, troubadours et ménestrels rivalisent de rimes pour décrocher les premiers prix, des fleurs d'argent telles que la violette, l'églantine, le souci ou encore l'œillet.

Le muguet pointe le bout de ses cloches à la Renaissance, lorsque le tout jeune roi Charles IX le popularise à la cour de France. La légende veut que le chevalier Louis de Girard ait offert au monarque un bouquet de cette fleur embaumante et encore assez méconnue, de retour d'une mission. Charles IX l'apprécie tellement qu'il décide d'en offrir à toutes les dames de la cour la veille de son sacre, le 1er mai 1561, comme gage de bonheur. Le geste s'oublia quelque peu : il faut dire que le massacre de la Saint-Barthélemy ne fut pas la marque d'un règne fort heureux et que le muguet reste une plante potentiellement toxique…

À la fin du XIXe siècle, en pleine révolution industrielle, les clochettes n'ont pas encore investi les rues. La fleur d'églantine règne en maître lors du 1er mai : sa couleur rouge reste le signe de reconnaissance des ouvriers qui défilent sur le pavé pour réclamer l'abaissement de la journée de travail à huit heures. Pas question pour les socialistes de choisir le muguet blanc, surtout connu des Parisiens et associé depuis trop longtemps au culte de la Vierge Marie fêtée au mois de mai – les clochettes symbolisant les larmes de la mère du Christ. Les fleurs d'églantine, cultivées au nord de la France, là où se déroulent les premiers rassemblements massifs d'ouvriers, deviennent naturellement le signe de reconnaissance des manifestants, et les policiers commencent à surveiller de près ces contestataires à la « boutonnière fleurie » en tête des cortèges.

Mais le marketing va finir par gagner la partie. Dès 1900, les couturiers distribuent des brins de muguet à toutes leurs clientes à l'occasion du 1er mai. La fleur devient le symbole du printemps, de l'amour et des beaux jours… Elle orne peu à peu corsages et chapeaux des employés, la presse s'en mêle avec des articles pittoresques, les cartes postales se multiplient comme autant de porte-bonheur… Au même moment, la parfumerie parvient à recréer de manière artificielle sa fragrance si particulière dont les femmes raffolent. En 1910, les deux fleurs sont au coude à coude : on compare les « églantinards des boulevards », ferments de la Révolution, aux amoureux tranquilles avec leur brin de muguet. Et lorsque les jeunes filles des Halles apportent leurs bouquets de clochettes au président de la République, la messe est dite : la France entière adopte rapidement les couleurs verte et blanche de la fleur délicate. L'églantine ne peut plus lutter contre la production quasi industrielle, notamment autour de Nantes, du nouveau symbole du 1er-Mai. En 1936, un compromis est trouvé : les manifestants mettront un petit ruban rouge autour de leur brin un peu trop blanc. Cette fois, le muguet a conquis toute la France, des catholiques aux socialistes.

*
* *

Les milliards perdus des Romanov

C'est l'histoire d'un trésor englouti, sans doute l'un des plus fantastiques au monde : celui des Romanov, la dynastie qui contrôlait encore la Russie au début du XXe siècle. À l'aube de la révolution soviétique, le tsar Nicolas II, prince irrésolu et falot, est l'un des hommes les plus riches du globe, héritier d'un empire qui s'étend sur quasiment un sixième des terres de la planète. « Sa fortune a été estimée 45 milliards de dollars il y a trente ans par le *New York Times*, soit près de 100 milliards d'aujourd'hui », explique Boris Prassoloff, petit-fils d'un colonel de la garde du tsar et auteur du livre *Tsars sans empire*. « Il jouit de plusieurs palais, sur la mer Noire, dans le golfe de Finlande, le palais d'Hiver à Saint-Pétersbourg et ses 1 500 pièces et son domaine de

Tsarskoïe Selo, au sud de la capitale... S'ajoutent trois yachts, dont le *Standart* de 135 mètres, deux trains spéciaux, d'immenses domaines, des résidences de chasse, des mines d'or et de diamants et des fonds placés qui lui procurent des intérêts. » Sans oublier une fantastique collection de bijoux et parures précieuses à côté de laquelle celle des Windsor fait aujourd'hui pâle figure...

La famille profite également largement de la fortune impériale, notamment les grands-ducs qui sont les autres membres de la dynastie régnante – fils et petit-fils d'empereur – ainsi que les princes. Ils occupent des fonctions militaires et reçoivent une annuité de 280 000 roubles par an, sachant qu'un ouvrier gagne environ 560 roubles sur l'année. À cela s'ajoutent des palais, des propriétés à l'étranger, comme à Paris et sur la Côte d'Azur, et les revenus de leurs propres domaines – ils possèdent ainsi la moitié de la Crimée en leur nom. « Au milieu du XIXe siècle, ces domaines représentent 240 millions d'hectares, soit quatre fois la superficie de la France, rappelle l'auteur. La moitié de ces domaines est composée de terres arables, exploitées par une armée de serfs et d'employés divers. » Le servage est officiellement aboli en 1861, mais il faut attendre 1906 pour que l'État donne enfin aux paysans les moyens d'acquérir des terres en propriété...

La guerre puis la révolution de 1917 emportent tout : la cour la plus fastueuse d'Europe s'effondre comme un château de cartes. Le tsar abdique, il est arrêté, bientôt assassiné, les terres et apanages de la couronne sont nationalisés, les joyaux et biens meubles seront revendus en Occident contre des devises pour acheter des biens d'équipement ou financer les partis communistes à l'étranger. Les nobles se rassurent en pensant que la fortune de la famille royale et celle de l'Église suffiront à calmer les moujiks. Comme ils se trompent… Dans un premier temps, les grands-ducs et les princes sont laissés libres, certains rejoignent leur domaine de Crimée, encore épargnée, ou encore la Finlande, sous administration russe, d'où on peut rejoindre la Suède. C'est le cas du grand-duc Cyrille, cousin du tsar, qui prend soin, avant de partir, de déposer 100 000 roubles dans la succursale d'une banque américaine.

On évalue entre un à deux millions les Russes qui fuient la révolution pour trouver refuge à l'Ouest, et notamment en France. Il s'agit essentiellement des dignitaires du régime – bourgeois, intellectuels, professions libérales, militaires – et bien sûr des centaines d'aristocrates qui forment bientôt une communauté en exil, attachée aux hiérarchies et traditions, rêvant d'un futur retour… « Les exilés vont emporter avec eux leurs bijoux, cousus dans les sous-vêtements des femmes, explique Boris Prassoloff. Ils vont les proposer chez les joailliers parisiens, comme Cartier, mais la mise sur le marché est telle qu'elle provoque à l'époque une baisse importante des prix, selon la loi de l'offre et de la demande… Le prince Youssoupov, qui était parti avec deux Rembrandt, qu'il finit par gager, était réputé pour se promener avec des diamants et des pierres précieuses dans les poches, qu'il essayait de vendre en sous-main à l'occasion des réceptions… » Les Windsor récupéreront, entre autres, le somptueux diadème de la grande-duchesse Vladimir en perles et diamants et quelques pièces des fameux œufs de Fabergé.

Quant aux Romanov, il reste huit grands-ducs qui ont échappé aux bolcheviks. Ils ont gardé leur prestige et quelques moyens, à l'image de Boris Vladimirovitch, lequel épouse sa maîtresse, s'installe à Meudon et court les réceptions ; ou encore Alexandre Mikhaïlovitch, qui vit entre Paris, Biarritz et la Côte d'Azur, surveillé comme il se doit par les services de police… Un rapport croustillant raconte comment il s'affiche au bras d'une demi-mondaine, une certaine Zézette, dans les restaurants parisiens. Un jour, il y croise, confus, la grande-duchesse Maria Pavlovna et s'attarde à sa table, quand Zézette s'écrie : « Dis donc, Alexandre, qu'est-ce que tu fous là-bas avec c'te poule ? » « Le scandale a été énorme », souligne l'officier de police dans ses notes…

Certains basculent dans la politique, comme le grand-duc Cyrille, qui rallie à lui une partie des monarchistes revanchards, s'installe à Saint-Briac, près de Dinard, et s'autoproclame empereur de Russie. Chaque hiver, il fréquente assidûment la Riviera, où s'est formée une grosse colonie russe, et compte sur son épouse Victoria pour activer ses réseaux en Allemagne, où elle possède des biens. Selon les services soviétiques, qui surveillent également de près ces exilés influents, le couple serait parvenu à toucher entre 5 et 6 millions de marks-or en gageant ses bijoux auprès d'industriels allemands conservateurs et Victoria en donne immédiatement un demi-million au tout nouveau NSDAP, le parti nazi d'Adolf Hitler – les Romanov partagent avec lui la haine des bolcheviks. La grande-duchesse récupérera aussi des fonds pour son train de vie et la cause de son époux chez les Américains fortunés de la côte Est, notamment l'industriel Henri Ford, anticommuniste farouche et antisémite notoire…

Mais les millions récoltés par les dons et les ventes des bijoux ne permettront jamais aux Romanov de retrouver le trône… Après la mort de Cyrille, son fils Vladimir reprend le flambeau, appelle les Russes blancs à soutenir Hitler dans sa lutte contre l'Union soviétique et finit par se réfugier chez Franco après la Seconde Guerre mondiale. En 1991, le grand-duc foule la terre russe pour la première fois et se rapproche de Boris Eltsine, qui n'est pas opposé à la restauration d'une monarchie symbolique, une des options pour réconcilier une nation déchirée. Mais Vladimir s'éteint un an plus tard, à quelques marches seulement du trône…

*
* *

Paul Deschanel, premier *burn-out* à l'Élysée

De lui, on se souvient de la fameuse chute du train présidentiel au printemps 1920 : en route pour Montbrison afin d'inaugurer un monument, Paul Deschanel chute accidentellement sur la voie en pleine nuit, alors que le train roule à basse vitesse pour traverser une zone de travaux… Retrouvé errant en pyjama par un garde-barrière, le nouveau président de la République devient rapidement la cible des chansonniers et des journaux satiriques, à l'image du *Canard enchaîné,* qui écrit une complainte de circonstance : « Il est dingo/ Ça n'est pas rigolo/ Il a un cachalot/ Niché dans l'ciboulot. » Et la presse plus classique de se demander si le président est psychiquement en état de remplir ses fonctions… De fait, quatre mois plus tard, Deschanel démissionne.

Mais l'Histoire n'a pas retenu que la chute du train. Ce pauvre Deschanel a été décrit comme le vrai dingo de l'Élysée, un homme qui signait les décrets Napoléon ou Vercingétorix, qui pêchait des carpes dans le bassin de Rambouillet, grimpant dans les arbres du parc ou se promenant une fois nu comme un ver, avec pour seul costume le grand cordon de la Légion d'honneur… Rien de plus faux, explique Thierry Billard dans une grande biographie consacrée à ce président incompris. « Peut-on vraiment penser que les parlementaires aient pu envoyer un fou à l'Élysée ? s'interroge-t-il. Deschanel était un homme brillant, remarquable orateur, ancien président de la Chambre, opposé à la peine de mort, favorable au vote des femmes, à la proportionnelle, au développement du mutualisme, une forme de protection sociale avant l'heure… Mais il n'était pas fait pour la politique politicienne. Ses problèmes à l'Élysée n'ont fait qu'accentuer sa disgrâce aux yeux de l'Histoire : il reste pour toujours celui qui a battu Clemenceau, célébré comme le héros de 14-18. »

Selon lui, toutes ces anecdotes fantaisistes ont été écrites après coup, à la fin des années 1930, par Paul Allard, dans *Les Secrets de l'Élysée,* et reprises depuis dans nombre d'ouvrages consacrés à l'histoire du palais des présidents. Allard n'y va pas de main morte en décrivant un président zinzin qui barbotait dans les bassins de Rambouillet en « se croyant un brochet », ou encore épaulé par son épouse, qui « lui prenait la main et la guidait » pour signer des décrets et éviter la déconfiture – « car il fallait bien qu'il continuât à signer ».

La signature de Napoléon ? Les historiens n'ont retrouvé aucune trace de ces décrets, et son épouse, contrairement aux rumeurs, n'aurait pas non plus imité sa signature pour sauver les apparences… Des recherches menées aux Archives nationales prouvent même que Deschanel a usé pendant tout son mandat de la même écriture, sans altération. La réception d'un ambassadeur où il s'affiche dans le plus simple appareil ? Impossible, un ministre était toujours auprès du chef de l'État pour ce genre de rendez-vous très codifié. L'épisode de la « baignade » dans le bassin de Rambouillet ? Cette fois, il y a bien un début de vérité : le 10 septembre 1920, à 6 heures du matin, un employé donne l'alarme en le voyant entrer jusqu'aux mollets dans l'eau froide, mais sans avoir l'intention de pêcher. On le ramène illico au château, où il dit ne se souvenir de rien… En réalité, le président est en plein *burn-out* : déprimé, épuisé, les nerfs en compote, le stress de la fonction a fini par le miner entièrement.

En réalité, la brillante carrière du politique se serait embourbée dans le piège élyséen. Élu après la Première Guerre mondiale à la barbe de Clemenceau, qui avait pourtant mené le pays à la victoire, Paul Deschanel se sent immédiatement investi d'une mission d'envergure : il compte redonner lustre et puissance à la fonction, moderniser les institutions, intervenir en politique étrangère, se positionner en arbitre politique… Levé à 6 h 30 du matin, il consulte les dossiers, enchaîne les réunions, suit les aménagements du palais, préside les réceptions et consulte encore ses collaborateurs jusqu'à 22 heures... Mais il déchante vite face à Alexandre Millerand, chef du gouvernement, qui n'entend lui laisser aucune marge de manœuvre.

Le voilà comme les autres, un président potiche, un « manchot constitutionnel », selon la formule connue de Raymond Poincaré. Déprimé, stressé, cet homme émotif multiplie peu à peu les signes évidents de fatigue nerveuse. Le plus grave d'entre eux est sans conteste l'épisode de la chute du train : le président avait pris pour la première fois pour pouvoir dormir un hypnotique qui a très certainement perturbé ses sens et ses réactions. Il se réveille en pleine nuit, l'esprit embrumé, descend la fenêtre de son wagon pour prendre l'air – elle est très basse pour qu'il puisse saluer la foule – et bascule sur la voie. Selon la thèse rapportée par Thierry Billard, Paul Deschanel aurait été victime du syndrome d'Elpénor, une affection caractérisée par « un réveil incomplet avec troubles passagers de la mémoire », qui peut déboucher sur des incidents souvent incompréhensibles – la victime peut ainsi prendre une fenêtre pour une porte. « C'est quelquefois à domicile, mais presque toujours hors de chez lui que le sujet présente ce réveil incomplet », expliquait ainsi le Dr Logre dans un article du *Monde* daté de 1948, qui ajoutait que le syndrome pouvait être provoqué par des médicaments, la fatigue ou la dépression. Rien à voir, donc, avec une folie caractérisée.

Après sa démission, Paul Deschanel se repose trois mois dans un sanatorium. « Je suis ridicule », répète-t-il en boucle, conscient d'avoir donné du grain à moudre aux chansonniers pour des décennies… Il reviendra pourtant à la politique, en étant élu sénateur dès le premier tour en 1921. Il croit tenir sa revanche, prépare un discours qualifié d'« explosif », où il entend notamment critiquer la toute-puissance du chef de gouvernement face à la présidence de la République. Il n'en aura pas le temps : la mort vient brutalement l'emporter au printemps 1922. Maudit jusqu'au bout.

*
* *

Joséphine Baker, la croqueuse d'hommes

Ils sont quatre, comme les Mousquetaires de Dumas : Pepito l'imprésario, Jean le play-boy, Jacques le résistant et Jo le chef de famille nombreuse… Tous entrés par effraction dans la vie de Joséphine Baker, pour qui les hommes étaient plus des amuse-gueules que des compagnons de voyage solides et constants. La faute sans doute à une jeunesse violente et vagabonde, un géniteur qui l'abandonna à la misère, un premier mari dès 12 ans qu'elle calma à coups de bouteille sur la tête, et un second, le jockey américain William Baker, qui resta dans l'Histoire pour lui avoir laissé son nom – elle le quitta à 16 ans pour aller tenter sa chance à New York comme danseuse. C'est là qu'elle connut d'ailleurs ses premières expériences lesbiennes avec les filles des cabarets. Pour elle, le sexe ne restera qu'une gymnastique saine et utile, une expérience sportive comme une autre.

Son triomphe à Paris attire les mâles comme des mouches. Elle n'a que 19 ans, mais devient d'emblée la coqueluche du Tout-Paris. La liste de ses amants s'allonge aussi rapidement que son compte en banque : Jean Gabin, Georges Simenon – promu secrétaire particulier –, Michel Simon et un nombre impressionnant de fils de bonne famille ou de bourgeois richissimes, sans oublier quelques femmes, dont la championne de course automobile Violette Morris… « Si tous mes amants pouvaient se donner la main, ils feraient trois fois le tour de la Terre », aimait plaisanter la star.

Parmi tous ces courtisans, le Sicilien Pepito Abatino gagne sa confiance et devient son pygmalion. Alors que Joséphine Baker aurait pu n'être qu'un feu de paille dans le showbiz, il va faire d'elle la première grande star noire de l'époque, souvent en la rudoyant. « C'est l'homme de sa vie, il lui apprend tout : parler, chanter, tenir aussi bien la scène qu'une conversation et une coupe de champagne, les arcanes du métier comme les bonnes manières », confirme Emmanuel Bonini, auteur de *La Véritable Joséphine Baker*. En vrai pro, Pepito la réinvente sans cesse, organise ses tournées, la lance dans le cinéma, négocie les contrats et les licences autour de son nom : camembert, cigare, parfum, produits de beauté, poupée, le nom de Baker vaut de l'or – il lui achète un immeuble entier dans Paris, avenue Bugeaud, et une splendide villa au Vésinet, dans la banlieue chic de la capitale. Une fois au sommet, la diva le quitte brusquement lors d'une tournée orageuse aux États-Unis.

Elle ne reste pas longtemps seule : en 1937, alors que le fascisme ronge l'Europe, elle n'hésite pas à épouser le juif Jean Lion, un play-boy flamboyant fils d'une grande famille d'industriels. Elle ne résiste pas à sa cour, il a des ambitions politiques, cette union est aussi pour lui un coup de pub… Mais le mariage dure peu : le couple est mal assorti, Jean Lion est un vrai coureur, Joséphine a des horaires impossibles, les disputes sont fréquentes et une fausse couche vient tout briser. L'expérience se conclut par un divorce, mais Joséphine a gagné un sésame qui vaut tous les maris du monde : son mariage a fait d'elle une citoyenne française à part entière.

Le troisième homme qui compta dans sa vie est lié à son engagement dans la Résistance : le capitaine Jacques Abtey, membre du contre-espionnage, l'embarque dans l'aventure avec son consentement immédiat. « La France m'a faite comme je suis, lui lance-t-elle. Je suis prête à lui donner ma vie. Disposez de moi comme vous l'entendez, capitaine. » Il la prend au mot et devient son amant. « Jacques Abtey a eu une vraie passion pour elle, raconte Emmanuel Bonini, qui va même durer au-delà de la guerre. Quant à Joséphine, elle a enfin trouvé un homme à sa mesure. Elle a même songé à l'épouser. » À ses côtés, la star va traverser la Seconde Guerre mondiale avec un courage hors du commun : officiellement, Abtey est le secrétaire particulier de « la Vénus d'ébène », qui profite de sa notoriété pour glaner des informations dans tous les salons et ambassades qui comptent, avant de les transcrire à l'encre sympathique sur ses partitions, ou cacher des documents dans ses sous-vêtements. Des informations qui partent alors directement pour Londres *via* les réseaux de la Résistance.

Elle va encore plus loin en traversant la Méditerranée pour maintenir la flamme des combattants au Maghreb, toujours accompagnée de son amant espion. Les Américains lui demandent de chanter pour les GI, puis elle entame des tournées pour les Forces françaises libres dans les déserts libyen et égyptien, dans des conditions souvent rudimentaires, tout en travaillant à rallier les potentats arabes à la France libre… Un soir de gala, à Alger, elle chante même devant de Gaulle, lequel lui fait remettre une petite croix de Lorraine en or qu'elle revendra aux enchères pour 350 000 francs au profit des troupes françaises. En 1944, Baker revient auréolée de gloire, sous-lieutenant des Forces féminines de l'armée de l'air, très fière d'arborer son uniforme flambant neuf.

Le dernier homme sera celui qui lui apportera une forme de respectabilité bourgeoise : le chef d'orchestre Jo Bouillon, avec lequel elle fonde une famille en adoptant des enfants venant de tous les continents. Ils s'étaient mis d'accord sur quatre, elle en ramènera douze dans leur château des Milandes, transformé en Disneyland à la gloire de Joséphine. « C'était un mariage plus artistique que romantique, juge Emmanuel Bonini. Bouillon était connu dans le milieu pour être homosexuel et Joséphine était bi, l'ambiance était électrique aux Milandes, les bibelots et les cendriers volaient dans les pièces… » Pendant que Joséphine enchaîne les galas, Jo Bouillon gère tant bien que mal l'intendance, tente de combler les dettes et d'éloigner les vautours, avant d'être jeté dehors par son impossible épouse et d'aller gérer un restaurant en Argentine. Après la mort brutale de Joséphine, en 1975, Jo continuera à veiller sur leurs enfants, soudain orphelins d'une mère qui les couvait.

« Cette femme me fait penser à la fois à un torrent, un incendie et un rossignol », disait-il avec le recul. Sans doute la plus belle épitaphe pour la bouillonnante Joséphine.

*
* *

Wallis Simpson, la tombeuse du roi Édouard VIII

« Nous voilà dans de beaux draps ! » La reine Mary, veuve du roi George V, ne pouvait mieux résumer l'inextricable situation dans laquelle étaient empêtrés les Windsor depuis plusieurs semaines, en ce mois de décembre 1936. Son fils aîné, le nouveau souverain Édouard VIII, proclamé roi mais non encore couronné, s'est mis en tête d'épouser celle qui lui fait tourner la tête et les sens depuis trois ans déjà, la sulfureuse Wallis Simpson, une roturière américaine deux fois divorcée, détestée par toute la famille royale…

Pour Édouard VIII, Wallis n'est tout simplement pas négociable : il la veut comme compagne, amante et conseillère. Entre eux s'est nouée une relation dominante-dominé : elle le rassure, le materne, l'inspire, et ils partagent des jeux amoureux pervers et fétichistes… Si la presse s'est montrée discrète sur leur relation, sur ordre de Buckingham, l'aristocratie londonienne n'ignore rien de cette relation inconvenante :

depuis 1934, Wallis suit le prince comme son ombre, surveille ses repas, régente sa maison, renvoie ses domestiques récalcitrants, partage ses vacances… Édouard veut qu'elle assiste au couronnement, puis l'épouser dans la foulée, aux yeux de tous.

Panique au palais ! Dans les plus hautes sphères de l'État, on connaît trop Mme Simpson pour accepter un tel arrangement. Le roi George V, père d'Édouard, se méfiait déjà de la nouvelle favorite et ne supportait pas sa présence à Buckingham. Il avait commandé une enquête sur son passé, et le dossier rendu par les services secrets dressait d'elle le portrait d'une ambitieuse vénale au passé glauque : dans les années 1920, quand son premier mari était en mission à Hong Kong, Wallis se serait adonnée au trafic de drogue, à la prostitution de luxe, devenant la maîtresse de riches négociants, tout en fréquentant des maisons closes où elle s'initiait à des techniques sexuelles sophistiquées… qui, paraît-il, pouvaient « réveiller un mort ».

On imagine la tête du vieux roi en train de lire ces rapports. Lorsqu'il décède, en janvier 1936, ils sont aux mains du gouvernement Baldwin. Ce dernier s'oppose catégoriquement à ce mariage indigne. Outre le passé de la dame s'ajoutent ses fréquentations politiques, comme cette proximité un peu trop intime avec Ribbentrop, l'ambassadeur d'Allemagne à Londres – la rumeur leur prêtera même une liaison. Wallis est jugée trop proche des nazis, tout comme Édouard VIII, qui considère Hitler comme le meilleur rempart contre l'Union soviétique. Même si cet avis est largement partagé par l'aristocratie anglaise, un tel duo à la tête de la monarchie au moment où les dictatures fleurissent partout en Europe ne rassure pas l'élite politique. D'autant que le caractère du nouveau roi prouve qu'il ne compte pas jouer les potiches…

Dernier argument : l'Église anglicane ne peut accepter une telle union entre son chef officiel et une divorcée américaine. Édouard VIII tente de négocier, avance l'idée d'un mariage morganatique, un simple titre de duchesse pour Wallis et des enfants non dynastes si jamais ils en ont. Peine perdue, c'est toujours non : les responsables des dominions s'inquiètent, le gouvernement se raidit, on ne souhaite pas amener l'affaire devant le Parlement, c'est l'impasse politique, la crise constitutionnelle.

Face à la détermination d'Édouard, Wallis s'affole : qu'il prenne la couronne sans l'épouser, une vie dans l'ombre et le luxe lui conviendra parfaitement. Mais Édouard VIII en fait une question d'honneur. « S'ils veulent la copie de mon père, qu'ils prennent le duc d'York », lâche-t-il en faisant allusion à son frère Bertie, timide et bègue, terrorisé à l'idée de devenir demain roi d'Angleterre – il est le père de la future Élisabeth II. Les deux frères se mettent d'accord : Édouard reçoit le titre de duc de Windsor et négocie âprement une pension de plus de 20 000 livres par an.

Le 10 décembre 1936, l'ancien roi signe l'acte d'abdication, pendant que Wallis, réfugiée en France, s'enfonce dans l'amertume et la culpabilité. Un dernier et lugubre repas de famille réunit les Windsor, présidé par la reine Mary, durant lequel le duc d'York retient à peine ses larmes face à l'immense tâche qui l'attend sur un trône qu'il ne désirait pas… Quant à son frère, une seule chose compte pour lui : épouser Wallis au plus vite, ce qu'il fera dès juin 1937, sur le sol français, avant d'entamer à son bras une vie aussi vide que superficielle, dont l'écume viendra régulièrement mousser sur le papier glacé des magazines glamours.

*

* *

Comment Staline a raflé l'or espagnol pendant la guerre civile de 1936

Dans les nombreux forfaits et coups tordus de Staline, l'un d'entre eux reste encore assez méconnu, même s'il s'agit sans doute de l'un des plus gros hold-up entre nations dans l'histoire du XXe siècle : la mainmise du dictateur sur 500 tonnes d'or de la jeune république espagnole qui tentait de résister face au franquisme… En 1936, l'insurrection nationaliste contre la république espagnole prend de court Staline, qui se voit obligé de soutenir les républicains, mais ne souhaite en aucun cas déclencher une confrontation directe avec Hitler, engagé derrière Franco : il n'est pas prêt, l'URSS pourrait y laisser sa peau…

Mais ses agents envoyés sur place rapportent l'existence d'un colossal trésor – louis d'or, souverains, dollars, joyaux, trésors des églises – entreposé dans les caves de la Banque d'Espagne à Madrid, qui tomberait à point nommé pour consolider l'économie soviétique. Or, les troupes républicaines ont besoin d'armes face à l'offensive franquiste qui, elle, peut compter sur les tanks et les canons allemands, italiens et portugais. Les agents russes promettent beaucoup – de l'aide, des tanks, des spécialistes –, si bien que le gouvernement républicain de Largo Caballero décide en octobre 1936 de confier 500 tonnes d'or aux bons soins de l'Union soviétique

En trois nuits, dans le plus grand secret, 7 800 caisses sont embarquées dans des navires russes depuis le port de Carthagène par 60 marins triés sur le volet, comme le rapporte l'historien François Kersaudy dans son ouvrage sur les *Dix faces cachées du communisme*. Aucun papier n'est demandé, les Soviétiques promettent qu'un reçu sera délivré plus tard par la Banque d'État de Moscou... Début novembre, les cargos chargés comme des galions du Siècle d'or parviennent à Odessa, puis sont méticuleusement vidés par des troupes spéciales dépêchées par Staline, avant que le chargement précieux parte sous bonne escorte en camion pour Moscou. Staline jubile et confie lors d'un banquet que les Espagnols ne sont pas près de revoir leur or.

Dans le même temps, un premier convoi d'armes, plutôt maigrichon, arrive en Espagne : six avions, une douzaine de tanks légers, cinquante mitrailleuses... D'autres livraisons suivront, mais avec retard, et surtout, il s'agit d'un matériel de piètre qualité, recyclé ou acheté d'occasion : des avions mal équipés, des fusils d'avant la Grande Guerre qui brûlent les mains, des canons de 150 mm qui rendent l'âme dès le premier coup... Pire : Staline en profite pour tester du matériel, des explosifs et des blindages qui repartent illico en bateau pour Moscou s'ils se révèlent solides et efficaces... L'Espagne devient ainsi un vrai terrain d'expérimentation pour l'armement soviétique. Au printemps 1937, le président du Conseil Largo Caballero n'a toujours pas touché de reçu pour son or envolé, tandis que les bureaux des sous-secrétaires d'État à l'Armement, noyautés par les agents soviétiques, signent des récépissés pour des livraisons fantômes... « Les serpents de la trahison, de la déloyauté et de l'espionnage enroulés autour de mes jambes m'empêchent de remuer », déclare le chef du gouvernement au début de l'année 1937.

Il veut reprendre la main en tentant d'écarter les communistes de l'armée et du ministère, entame des pourparlers pour arrêter la guerre civile et ose réclamer des comptes sur l'or déposé en Russie, signant ainsi son arrêt de mort politique. Le Parti communiste le lâche et le force à la démission, vite remplacé par Juan Negrín, dont le secrétaire personnel est membre du Parti communiste. Débute rapidement une série de purges contre les dissidents ou les contestataires, qu'ils soient anarchosyndicalistes, trotskistes, membres des Brigades internationales, sociodémocrates ou activistes du Poum – le Parti ouvrier unifié marxiste-léniniste, qui comprend nombre de partisans de Trotski... Selon l'historien François Kersaudy, 15 000 suspects au moins seront « séquestrés et torturés dans les prisons secrètes de l'OGPU à La Pedrera ou à la caserne Karl-Marx de Barcelone, à Atocha ou à Alcala près de Madrid, ou encore à l'ancien couvent Santa Ursula aux environs de Valence, surnommé « le Dachau de l'Espagne républicaine ».

Janvier 1939, Barcelone tombe aux mains de Franco, le front républicain s'effondre, la guerre s'achève au printemps. Entre-temps, une partie des dernières réserves d'or et d'argent de l'Espagne prend la route de Moscou. Tout n'est pas perdu pour tout le monde… Staline, qui a éliminé pas mal de témoins, croyait son hold-up tombé dans l'oubli, surtout après le cataclysme de la Seconde Guerre mondiale. Mais en 1956, rebondissement : la famille de l'ancien président du conseil Negrín finit par mettre la main sur un protocole officiel de 1937 qui confirme le fameux dépôt d'or, un document inconnu jusqu'alors. Et l'Espagne franquiste entend bien réclamer des comptes… Mais quelques mois plus tard, la *Pravda* répond que les 500 tonnes d'or ont été dépensées en achats, en fournitures et en transferts de devises, sans donner plus de détails… Et rappelle que Madrid doit encore un emprunt de 50 millions de dollars contracté à l'époque avec l'Union soviétique. De quoi couper court à toute revendication. Mais pour certains, une partie du magot se trouve toujours dans les coffres du Kremlin.

*

* *

Frida Kahlo et Léon Trotski : idylle sous le soleil mexicain

Elle aborde la trentaine, il a 58 ans… Elle peint pour oublier la souffrance, après un terrible accident de la circulation qui a failli l'emporter, plus jeune. Il est aux abois, pourchassé par les tueurs de Staline, qui veut la peau de ce rival trop populaire. Comme deux rescapés qui connaissent l'urgence de la vie, ils vont se reconnaître, se séduire, s'aimer pendant quelques mois sous le soleil du Mexique, là où Frida Kahlo vit aux côtés du peintre mondialement connu Diego Rivera. Là aussi où Léon Trotski a trouvé asile avec sa femme, Natalia, à la fin des années 1930.

Trotski sait ses jours comptés. Les agents du NKVD, la police secrète soviétique, sont à ses trousses. Grande figure de la révolution de 1917 et fondateur de l'Armée rouge, il s'est officiellement opposé au régime de Staline, qui l'a banni d'URSS. Exilé en Turquie, puis en France et en Norvège, le leader communiste reste encombrant. Il doit s'éloigner de l'Europe et finit par demander asile au Mexique. Son président de la République est un ami du peintre Rivera, militant trotskiste. La demande est acceptée, à condition que le révolutionnaire ne se mêle pas de politique sur le territoire mexicain.

Voilà comment, en janvier 1937, Trotski et son épouse viennent s'installer chez les Rivera, dans la banlieue de Mexico. La fameuse Casa Azul est transformée en camp retranché, murs consolidés, policiers en faction, personnel trié sur le volet... Diego Rivera va même jusqu'à acheter la maison voisine pour plus de sécurité et pour agrandir l'espace. Les Trotski se sentent vite à l'aise avec ce couple d'artistes libres et bohèmes, dans ces lieux sécurisés, à jouir du patio, des pièces spacieuses, des repas pris en commun et des discussions politiques sans fin.

Trotski a commencé à écrire la biographie de Lénine et à rassembler ses partisans sous la bannière de la IVe Internationale. Le révolutionnaire en exil porte encore beau : il allie une rigueur toute militaire à une vive intelligence, possède un regard bleu acier qui transperce son interlocuteur et une aura évidente dont il est conscient et qu'il sait mettre à profit. Dans *Frida,* la monumentale biographie qu'elle a consacrée à l'artiste, Hayden Herrera rapporte le comportement de Trotski en présence des femmes : « Il devenait particulièrement sémillant et spirituel. Bien qu'il eût peu d'occasions de passer à l'acte, son succès était apparemment considérable. Son approche de la question n'était ni romantique ni sentimentale, mais directe, voire crue. Il caressait le genou d'une femme sous la table et lui faisait des propositions sans la moindre gêne... »

Il est vite charmé par la personnalité de Frida Kahlo, qui s'est improvisée interprète, puisque ses hôtes ne parlent pas l'espagnol. Les jeux de séduction débutent rapidement, dans le dos de Diego Rivera, qui a la réputation d'abuser du pistolet – surtout quand il a bu – et de Natalia, la femme du leader communiste. Les deux amants prennent en effet l'habitude de parler en anglais, une langue que ne maîtrise absolument pas la femme de Trotski. Frida Kahlo le surnomme « Barbichette », organise des pique-niques et des escapades dans les environs de Mexico. Ils flirtent discrètement, elle lui glisse le mot « love » quand ils se quittent... L'homme de la révolution d'Octobre est captivé, il lui écrit des mots tendres, puis des lettres enflammées dans des livres que la peintre lui recommande.

Il vit une seconde jeunesse, s'enflamme comme un adolescent, attend avec fébrilité les rendez-vous clandestins... En juillet 1937, ils prennent le large, Trotski s'isole dans une ferme à une centaine de kilomètres de Mexico où Frida Kahlo le rejoint rapidement. Natalia a des soupçons, mais Trotski lui cache l'essentiel et son idylle mexicaine ne passera pas l'été. Frida Kahlo décide de rompre, elle n'est pas amoureuse. Elle est tombée dans ses bras plus par admiration que sur un coup de cœur. Sans doute a-t-elle également voulu se venger de Diego Rivera, qui l'a trompée deux ans auparavant avec sa propre sœur, une trahison qui l'avait terrassée.

Et puis, elle sait cette liaison condamnée d'avance : Natalia a fini par comprendre, et un scandale ternirait la réputation du compagnon de Lénine, sans compter la police soviétique toujours à l'affût... Mais Trotski s'accroche, il lui écrit une lettre de neuf pages pour tenter de la reconquérir, en vain. « J'en ai assez *del viejo* [du vieux] », dit-elle à ses amies. En guise de cadeau d'adieu, Frida Kahlo lui offre un autoportrait où – malicieux clin d'œil – elle triomphe en aristocrate coloniale avec un bouquet de fleurs et des bijoux ostentatoires. « Pour Léon Trotski, avec toute mon affection, le 7 novembre 1937 », écrit-elle près de sa signature. À la Casa Azul, l'ambiance n'est plus la même. Frida Kahlo est distante. Elle part exposer à New York. Diego Rivera va jusqu'à critiquer publiquement son ancien ami, quittant même la IVe Internationale. La rupture est totale. Trotski finit par déménager quelques rues plus loin, dans une maison que l'on barricade.

Mais Frida n'en a pas tout à fait fini avec son vieux révolutionnaire : elle est approchée plusieurs fois par Ramon Mercader, un agent soviétique qui cherche à intégrer le premier cercle de Trotski pour l'éliminer. La peintre ne se méfie guère et va jusqu'à dîner, un soir, avec lui. Et quand Mercader parvient à assassiner Trotski d'un coup de piolet, le 20 août 1940, elle fait partie des premiers suspects. Elle est placée deux jours en prison pendant qu'une quarantaine de policiers fouillent sa maison de fond en comble, sans rien trouver. Le couple ne peut empêcher la rumeur de courir selon laquelle il aurait pris part au complot contre le révolutionnaire.

Rien de plus faux, même si l'aventure trotskiste n'a pas laissé que de bons souvenirs à l'artiste, qui ne se gênera guère, une fois revenue au sein du Parti communiste, pour critiquer son ancien amant... Un an avant de mourir, Trotski lui avait rendu son autoportrait, pour solde de tout compte. Le dernier vestige d'une liaison éphémère.

*

* *

Dans l'intimité de Hitler : les manies d'un dictateur

Comment se comportait Hitler en privé ? Selon ses biographes, le dictateur était plutôt du genre nonchalant et paresseux, enclin à profiter au maximum de son temps libre – du moins jusqu'en 1942, quand l'intensification de la guerre l'oblige de plus en plus à s'enfermer dans ses QG. Une tendance à l'enfermement que son père lui reprochait déjà et qui semble s'être accentuée une fois au pouvoir... Pour lui, les gigantesques bureaux qui ornaient ses résidences étaient plus décoratifs qu'utiles, tout comme les bibliothèques. « Hitler n'était pas du genre à s'asseoir à une table de travail et écrire pendant des heures, a rapporté ainsi son garde du corps, Misch. Il n'a jamais pris de notes ou rédigé un bout de papier. » Et de conclure : « Le travail semblait sinon inexistant, du moins peu soutenu. »

Le dictateur nazi est un « homme du verbe », explique l'historien Claude Quétel dans son livre consacré aux vérités et légendes sur le dictateur : il pérore et ordonne à ses ministres de comprendre ses intentions et d'appliquer strictement ses ordres, point final. Et gare aux contradicteurs : il s'enflamme, éructe, et part dans des colères explosives que nombre de témoins ont rapportées. « Dans ces cas, il se mettait en rage, comme un tigre qui se retrouve tout à coup enfermé dans une cage et tente de briser les barreaux », le décrivait le général Otto Wagener dans ses Mémoires.

Hitler a deux rendez-vous quotidiens avec ses collaborateurs, sous forme de conférences : une en fin de matinée, après un lever tardif, une autre le soir, lors de laquelle il rencontre ses adjoints ou les contacte par téléphone. Il prépare toujours ses discours au dernier moment, pressé par ses aides de camp qui voient défiler les heures avec angoisse... « Par son manque de culture, sa curiosité, son enthousiasme et son culot, il était le type même du dilettante », a rapporté l'architecte Albert Speer, qui sera ministre de l'Armement et de la Production du IIIe Reich.

Quand il n'est pas pris par ses obligations et ses rendez-vous, Hitler observe les mêmes habitudes. Il déjeune souvent tard et ne consomme jamais de viande – il est strictement végétarien, ne fume pas, ne boit pas. Il n'aime rien tant que les pommes de terre avec du fromage blanc, arrosées d'huile de lin, et se contente de soupes d'avoine, de muesli et de jus de légumes. Et malheur à ceux qui grignotent de la viande à ses côtés, ils ont droit à coup sûr à une leçon de morale : « Il avait une manière de décrire le travail sanglant aux abattoirs, l'abattage des bêtes et la découpe des quartiers qui provoquait des nausées chez les convives animés du meilleur appétit », décrit ainsi une secrétaire, dans des propos dénichés par Claude Quétel.

Lors de ses séjours au Berghof, son immense chalet des Alpes bavaroises, Hitler s'accorde régulièrement une marche en plein air, suivi de sa petite cour soumise, et grimpe jusqu'à la Teehaus (maison de thé), où il aime s'empiffrer de pâtisseries et de viennoiseries à la crème, jusqu'à piquer du nez dans son fauteuil pour une sieste. Le soir, après dîner, c'est l'heure des séances de cinéma, l'une de ses grandes passions. Il a fait aménager une salle spéciale dès son arrivée à la Chancellerie ainsi qu'au Berghof, avec un écran dissimulé derrière une tapisserie, où l'on passe souvent les mêmes films, notamment avec Greta Garbo, en évitant ceux qui finissent tragiquement… En 1939, il s'emballe pour *Autant en emporte le vent*, et demande à Goebbels de lancer la réalisation de fresques similaires.

À part les films, Hitler écoute aussi de la musique, un peu de Wagner, mais surtout beaucoup d'opérettes, qui apaisent ses nerfs. Puis vient l'heure de refaire le monde avec ses proches et ses invités, une assistance soumise et intellectuellement médiocre qui ne se permet aucune contradiction devant son chef, parti dans de longs monologues, souvent les mêmes, que plus personne n'écoute. On se retient alors de bâiller jusqu'à 2 ou 3 heures du matin, quand le Führer rejoint enfin sa chambre…

Le tableau ne serait pas complet si l'on n'abordait pas la santé du tyran, réputé être un grand hypocondriaque. Pas question de l'aborder avec un rhume ou un quelconque symptôme, vous êtes écarté sur-le-champ par ses aides de camp. Une phobie des microbes qui l'oblige à se déplacer avec une impressionnante « valise de médicaments » : vitamines, sulfamides, hormones, calcium et différentes drogues – son valet et garde du corps lui mettait des gouttes de cocaïne dans les yeux. Le tout sous l'autorité du médecin Theodor Morell, que Göring surnomme « le grand maître des piqûres ». À cela s'ajoute la maladie de Parkinson, dont les premiers symptômes sont décelés dès l'année 1942, avec des tremblements constatés dans la main, le bras et la jambe gauches. Trois ans plus tard, à la veille de son suicide dans son bunker de Berlin, Hitler n'est plus que l'ombre de lui-même, voûté, bouffi et gorgé de médicaments…

*
* *

La belle fortune des viticulteurs français pendant l'Occupation

La guerre de 39-45 n'a pas été dramatique pour tout le monde : en témoignent les bonnes affaires réalisées par les viticulteurs français, qui ont écoulé leur production au prix fort pendant quatre ans en direction de l'Allemagne nazie… C'est ce que révèle l'excellent ouvrage *Le Vin et la Guerre*, de Christophe Lucand, qui revient sur le business occulte et très lucratif de la profession sous l'Occupation, avec son lot de marchandages et de compromissions en tout genre…

Dès la défaite de 1940, les Allemands se ruent sur notre production, d'autant que les grands vignobles – Champagne, Bourgogne et Bordelais – passent sous le contrôle de l'occupant du jour au lendemain. Les achats massifs de la main à la main se multiplient pendant l'été avec les vignerons qui ont eu la bonne idée de rester sur leur domaine au lieu de fuir sur les routes. Les prix s'envolent, parfois vingt fois ceux pratiqués avant guerre, les Allemands règlent avec une monnaie forte puisque le franc subit une très forte dévaluation dès la défaite – 20 francs pour un reichsmark.

Dans un climat de grande fébrilité, la Wehrmacht trinque à la victoire, et d'énormes cargaisons partent en train vers l'Allemagne. Face à ces ventes sauvages, les nazis prennent rapidement la main, en s'appuyant dans chaque région sur des délégués du Reich chargés des achats : il s'agit d'organiser le marché pour alimenter les troupes, les populations ainsi que les soirées mondaines de l'élite allemande – et même servir de carburant de substitution à la fin du conflit. Ces agents d'importation, qui ont des pouvoirs exclusifs et des fonds considérables, négocient avec les palaces, les plus grandes maisons et les négociants qui ont pignon sur rue. On va jusqu'à acheter massivement du vin algérien, livré à Sète par les services de l'État…

Les Allemands paieront les commandes… mais *in fine* avec l'argent français, puisque le pays est mis en coupe réglée après l'armistice, avec l'imposition de frais d'occupation démentiels – 150 milliards par an, davantage que le budget de la France en 1939, rappelle l'historien Christophe Lucand. « Toutes les ventes de vins français effectuées par les négociants et les viticulteurs sont donc conclues avec d'autant plus de facilité qu'elles sont scrupuleusement payées avec les sommes colossales dues par la France à l'Allemagne dans le cadre du tribut d'occupation, sans cesse réévalué, versé au vainqueur. » Pendant quatre ans, les nazis vont ainsi faire main basse sur le vignoble français en toute tranquillité, avec la complicité du gouvernement de Vichy et de gros professionnels qui amassent des fortunes au passage.

Résultat : 2 millions d'hectolitres au moins sont livrés à l'Allemagne pendant la campagne 1940-1941, sans compter 250 000 hectolitres consommés par les troupes d'occupation sur la même période. Les chiffres monteront jusqu'à 4,5 millions les années suivantes, pour atteindre finalement le bilan astronomique de 15 à 17 millions pendant toute la Seconde Guerre mondiale – l'équivalent d'une quarantaine de trains complets de wagons-citernes par mois en direction du Reich, estime Christophe Lucand. Pour donner un exemple encore plus parlant, 90 millions de bouteilles de champagne ont été écoulées en Allemagne, pour un bénéfice exceptionnel d'un milliard de francs, et, en Charente, les deux tiers de la production totale de cognac sont partis vers le Reich.

Du coup, les stocks s'épuisent très rapidement, la profession doit s'organiser ou improviser. Dans ces conditions, impossible d'échapper au marché noir, à la corruption et aux trafics divers... Pour le marché intérieur, moins regardant, on mélange les vins de médiocre qualité, voire des raisins secs et des fruits avec de l'eau chaude, des bouteilles vite baptisées « vin de vingt-quatre heures »... Pour l'élite, on écoule à prix d'or les nectars qui se retrouvent sur les tables des potentats nazis ou celles des grands restaurants parisiens comme La Coupole, La Tour d'Argent, Maxim's, le Fouquet's, et surtout La Rôtisserie de la reine Pédauque, où les menus sont à plus de 1 000 francs – les bouteilles de grands crus peuvent atteindre au marché noir les 200 francs, les champagnes, 400 francs.

Dès 1941, un commerce très lucratif et quasiment incontrôlé transite *via* Monaco, qui devient la plaque tournante des ventes de vins et spiritueux vers l'étranger, et notamment le Reich et l'armée allemande. Les professionnels ont vite compris l'avantage qu'ils pouvaient tirer des réductions fiscales mises en place dès les années 1930 pour les sociétés externes : ils établissent des boîtes aux lettres dans la Principauté pour enregistrer leurs transactions *via* un intermédiaire et échapper ainsi aux taxes, sans qu'aucun tonneau sorte des entrepôts monégasques – des opérations chiffrées entre 700 millions et un milliard de francs chaque année entre 1941 et 1943, rapporte Christophe Lucand, avec très souvent à terme une évasion fiscale vers la Suisse ou les États-Unis…

On a parfois parlé d'actes de résistance, avec des vignerons qui auraient trompé l'ennemi en écoulant leur mauvaise piquette à des prix astronomiques… ou bien caché leurs plus belles bouteilles dans des caves secrètes, des murs doublés ou au fond de puits comblés. En vérité, écrit l'auteur, il s'agissait surtout de stocker des réserves pour jouer sur la spéculation et vendre au compte-gouttes les bonnes bouteilles à l'occupant ou aux intermédiaires. Ceux qui refusèrent de commercer avec le Reich furent bien peu nombreux, et à la Libération, en 1944, nombre de viticulteurs et surtout de négociants, qualifiés de « vinassiers » par la Résistance, feront l'objet d'enquêtes et de procédures une fois l'ennemi battu.

Il y a bien des procès, des sanctions, des négociants emprisonnés, des biens placés sous séquestre et des amendes parfois sévères, à l'image de celles qui frappent Marius Clerget, grand négociant de Pommard, jugé et incarcéré à Dijon pour « commerce avec la puissance ennemie ». Mais la justice est souvent à la peine, des pans entiers de dossiers disparaissent mystérieusement, la profession se défend en jouant sur l'interprétation des textes législatifs et fait preuve de magnanimité en multipliant les dons généreux à des organismes de bienfaisance pour redorer son blason…

Au début des années 1950, les lois d'amnistie achèvent de rassurer des vignerons qui se retrouvent souvent à la tête de propriétés solides et prospères grâce à l'incroyable embellie vécue durant la Seconde Guerre mondiale. Une période, conclut l'auteur, où « le cynisme commercial et la cupidité ont côtoyé l'opportunisme le plus obscène, et parfois, la réserve, voire quelques rares résistances : c'est le temps où la loi du profit et la cupidité l'emportèrent largement sur le sens patriotique ».

*

* *

6 juin 1944 : comment les Alliés ont enfumé les nazis

L'art de la guerre s'appuie aussi sur la désinformation. C'est en tout cas la grande leçon du 6 juin 1944, où les Alliés ont fait tout leur possible pour bombarder les Allemands d'indices et de faux messages afin de garder secrète jusqu'au bout la zone du fameux débarquement sur les plages de Normandie. Et dans cette stratégie du bluff, tous les coups étaient permis… Les nazis savaient qu'une offensive viendrait de l'ouest, comme en témoigne la mise en place d'une ligne de défense impressionnante sur les côtes françaises, renforcée par Rommel. Mais la zone est grande : l'invasion arriverait-elle par la

Bretagne ? La Normandie ? Le Cotentin ? Le Pas-de-Calais ?

Les Alliés vont évidemment tout faire pour maintenir le mystère et brouiller les pistes, comme le rappelle Jean-Baptiste Pattier dans *D Day. Histoires mémorables du Débarquement.* Ils embauchent même un sosie du général Montgomery pour faire croire à un nouvel assaut en Méditerranée, en France ou dans les Balkans... On déniche un ex-acteur, enrôlé dans l'armée britannique, qui ressemble comme deux gouttes d'eau au patron des forces d'invasion terrestres stationnées en Angleterre. L'officier suit une formation express où on lui enseigne le style, les tics et le léger bégaiement de Montgomery avant de l'envoyer en tournée en Méditerranée : Gibraltar, Alger, le sosie s'affiche dans les réceptions, évoque brièvement un mystérieux « Plan 303 » qui revient aux oreilles de Berlin. « Les Allemands décident de maintenir dans le sud de la France la 19e armée, explique Jean-Baptiste Pattier. Une force ennemie de moins sur les côtes normandes. »

À l'Ouest, la grande idée est de faire croire à un futur débarquement à Calais, la côte française la plus proche géographiquement de l'Angleterre. Il s'agit de la phase la plus élaborée de l'opération « Fortitude », qui vise à brouiller et intoxiquer l'état-major allemand. Dans ce cadre, les Alliés créent une armée entièrement fantôme dans le Kent, avec tanks gonflables, avions et batteries d'artillerie en bois alignés comme à la parade dans les champs, avec de faux navires de combat dans les ports, des barges de débarquement et même un terminal pétrolier factice. Un véritable décor d'opérette visible de loin par les éventuels espions et les avions de reconnaissance allemands... Pour corser le tout, on diffuse les bruits d'un vrai cantonnement militaire, tout en mettant en place un intense trafic radio avec messages et signaux en continu pour tromper les nazis, comme si un assaut se préparait.

La grande hantise des Alliés reste évidemment les fuites : un général américain n'a rien trouvé de mieux que d'évoquer la première date du débarquement – le 1er mai – lors d'un cocktail au Claridge's, dans le quartier chic de Mayfair. On renvoie immédiatement l'imprudent aux États-Unis... Dès le mois d'avril 1944, les déplacements et les communications des diplomates étrangers à Londres sont surveillés de très près. Quant aux agents secrets, ils ont pour mission d'intoxiquer l'ennemi au maximum. C'est le cas, en Espagne, du fameux Juan Pujol Garcia, un agent double surnommé « Garbo » qui a créé un réseau fictif d'une vingtaine de sous-agents, lesquels abreuvent les Allemands de fausses informations, notamment sur un prochain débarquement dans le Pas-de-Calais, jusqu'à convaincre Hitler de laisser la 15e armée plus au nord, au cas où... Il faut également maintenir au secret les 175 000 soldats des premiers assauts qui trépignent dans leurs cantonnements sur la côte sud. On leur interdit de sortir, mais certains font évidemment le mur pour voir une fille ou boire un dernier verre de bière...

Le jour J, on accrédite une nouvelle fois l'hypothèse d'un débarquement dans le nord de la France en envoyant une flottille croiser au large de la Picardie et de Calais, après avoir bombardé les côtes. Il s'agit principalement de vedettes munies de grands haut-parleurs qui diffusent des sons faisant croire à l'arrivée d'une immense armada, tout en dispersant au-devant d'elles une fausse brume pour cacher la supercherie. Afin de renforcer la confusion, on parachute dans le bocage normand des mannequins en toile de jute censés exploser à l'atterrissage, derrière les lignes ennemies, comme pour les prendre à revers. Ce qui ne fait que conforter les Allemands dans l'idée qu'il s'agit là d'un piège grossier et que les combats auront bien lieu ailleurs, près de Calais.

De fait, quand les Allemands voient surgir la vraie armada du Débarquement sur les côtes normandes, l'effet de surprise joue en faveur des Alliés. S'appuyant sur la mauvaise météo et berné par de faux renseignements, le feld-maréchal Rommel est parti en Allemagne célébrer l'anniversaire de sa femme. Quant à Hitler, il dort au Berghof, assommé par les drogues de son médecin personnel. Il s'est couché comme à son habitude vers 3 heures du matin, et ses généraux sont en pleine confusion : s'agit-il du véritable Débarquement ? On hésite à le réveiller… Autant d'heures précieuses gagnées par les Alliés pour consolider leur tête de pont sur la côte normande.

*

* *

Comment Staline carburait à la vodka

Si Lénine appréciait la bière, Staline, lui, préférait la vodka. Il faut dire que ses ancêtres avaient la descente facile : son père – un ouvrier cordonnier géorgien – abusait déjà de la boisson, frappait sa famille et finit par mourir dans une rixe entre ivrognes... Impossible pour le leader soviétique de partager un repas sans les traditionnels toasts à répétition qui firent parfois les cauchemars de ses hôtes, explique ainsi Christian Roudaut dans son livre *À la table des tyrans*. Pour Staline, la vodka fait partie du costume politique : montrer qu'il est un chef résistant et viril en étant capable de se soûler comme un cosaque.

Dans ses Mémoires, le général de Gaulle raconte comment le « petit père des peuples » pouvait se lever une trentaine de fois de table pour porter des toasts à la santé de ses convives... Quant à Winston Churchill, pourtant habitué à l'alcool, il se souviendra longtemps de ce souper jusqu'à 3 heures du matin avec le dictateur, un soir d'août 1942 à Moscou : pour aplanir leurs différends, Staline le convie en tête à tête autour d'une table où les plats se succèdent à une cadence infernale, le tout arrosé de litres de vodka au poivre – le Premier ministre préfère s'en tenir à un pétillant du Caucase pour éviter la gueule de bois…

Mais Staline a une astuce : il coupe son verre à moitié d'eau minérale, surtout quand il faut enchaîner les toasts lors des réceptions officielles – ce qui fait tout de même une sacrée dose à la fin. Après la guerre, l'habitude perdure, notamment quand il convie ses ministres dans sa datcha personnelle de Kountsevo, à une dizaine de kilomètres de Moscou. « L'empire était gouverné depuis la table de la salle à manger », constatait son bras droit Viatcheslav Molotov. Au menu : soupe, poisson, gibier, canard, poulet, cailles en cocotte, agneau… Et évidemment, des litres de vodka.

Staline ne se couche jamais avant 4 ou 5 heures du matin, c'est dire si ces dîners s'éternisent, avec des convives qui finissent souvent par rouler sur le plancher… « Nous ne quittions la table qu'au petit jour et ne rentrions chez nous que pour prendre le petit-déjeuner et repartir au travail, a raconté Nikita Khrouchtchev dans ses Mémoires. Au cours de la journée, j'essayais de faire une petite sieste, à l'heure du repas de midi, parce que, sans prendre de sommeil, nous risquions toujours, si Staline nous invitait à nouveau, de piquer du nez dans notre assiette et pour qui s'endormait à la table de Staline, cela pouvait mal finir… »

Au cours de ses soupers intimes, le dictateur fait preuve d'une « convivialité sadique » : après les blagues et les toasts du leader suprême, on risque le lendemain de finir en disgrâce ou en prison. Car pour Staline, de plus en plus paranoïaque, l'alcool est un moyen de déjouer d'éventuels complots chez ses proches collaborateurs. « Je savais qu'il aimait enivrer les gens et que l'hospitalité était le cadet de ses soucis, rapportait Khrouchtchev. Ce qui l'intéressait, c'était de mettre ses invités dans un état tel que les langues se délient… »

Parmi ses jeux favoris, la blague du thermomètre : il s'agit pour les invités de deviner avec précision la température extérieure, avec un verre de vodka à vider cul sec pour tout écart d'un degré avec l'indication du thermomètre… De quoi accélérer la soûlerie collective, sachant que Staline, sur les conseils de ses médecins, préfère désormais les vins de pays pour mieux tenir la distance. De plus en plus méfiant, il finit par ouvrir lui-même les bouteilles d'alcool pour éviter tout risque d'empoisonnement. Et ne manque pas de faire goûter tous les plats à ses convives avant de se servir lui-même – on n'est jamais trop prudent.

C'est dans cette même datcha près de Moscou que le tyran pousse son dernier souffle au printemps 1953. Officiellement, il a succombé à une attaque cérébrale. Officieusement, on murmure que le redoutable Beria, patron de la police secrète, l'aurait liquidé par empoisonnement, avec du venin de serpent ou d'araignée… Mais le trépas du leader communiste est surtout la conséquence d'une hygiène de vie déplorable, dans laquelle la consommation excessive d'alcool tient une place de premier choix…

*
* *

Doris, l'incendiaire maîtresse de Churchill

Elle était aussi belle que sulfureuse… Doris Delevingne, blonde incendiaire à l'ambition démesurée, dotée d'un culot monstre, avec un seul mot d'ordre pour faire oublier ses origines modestes : « Le lit d'une Anglaise est son royaume. » Avec une telle devise, Doris Delevingne va tenter par tous les moyens de se faire une place au soleil, jusqu'à envoûter un jour Winston Churchill… La jeune fille quitte rapidement la mercerie familiale, part à Londres, fréquente les théâtres, multiplie les conquêtes, attire la lumière, côtoie la *gentry* et finit par décrocher le gros lot – dans tous les sens du terme – en épousant Valentin Castlerosse, héritier du comté de Kenmare, un sacré bambochard qui occupe ses journées comme chroniqueur mondain.

La voilà installée, mais pas pour autant rassasiée… La vicomtesse collectionne les amants, surveillée de près par son mari rongé par la jalousie, alimentant les ragots du Tout-Londres et forgeant sa réputation de séductrice insatiable. Dans la liste, on retient le photographe Cecil Beaton, qu'elle tente de distraire de son homosexualité, Tom Mitford ou encore Randolph Churchill, le fils du futur Premier ministre – au grand dam de sa mère Clementine, qui trouve décidément son grand garçon capricieux et ingérable…

Après le fils, le père ? C'est en tout cas la conviction de Stéphanie des Horts, autrice d'une biographie de la courtisane, qui dévoile cette passion née en 1933 sous le soleil de la Côte d'Azur, au château de l'Horizon, chez son amie l'actrice Maxine Elliott, entre Cannes et Juan-les-Pins. Peut-on rêver plus beau décor ? Churchill a 58 ans, il est au creux de la vague, en partie ruiné par la crise de 1929 et renié par un parti qui estime que sa carrière est désormais derrière lui… Il vient ainsi s'échouer sur la Méditerranée, jouir de la lumière, du calme et du panorama, et peindre tout son soûl pour oublier les prémices de la vieillesse.

C'est là que déboule Doris, 32 ans, talons hauts et short court, boule d'énergie débridée. « La vicomtesse Castlerosse est une invitation à la volupté et à la lascivité, à l'engouement et au plaisir », écrit sa biographe. Churchill l'a déjà croisée, il la connaît de réputation – n'a-t-elle pas séduit son fils ? Elle l'intrigue et l'amuse tout à la fois, d'autant que son épouse Clementine a déjà fait ses bagages pour la Grèce… Ils jouent aux cartes, discutent, nagent, elle pose pour lui, minaude et roucoule si bien que le vieux lion aurait fini par succomber cet été-là…

Aucune preuve formelle, mais beaucoup d'indices. D'abord ces tableaux peints par Churchill, trois portraits dans des poses alanguies sur les quatre tableaux réalisés d'elle en villégiature. Une obsession et la trace tangible de leur passion… « Elle va durer environ un an, estime sa biographe. Doris est séduite et fascinée, mais Churchill est un seigneur de guerre, il sera vite préoccupé par la tension mondiale, le réarmement allemand, qui va devenir son idée fixe, il n'aura plus la tête à la bagatelle... »

Il y a aussi ces lettres d'amour découvertes un jour par l'assistant littéraire de Winston Churchill, qui en parla ensuite à John Colville, le secrétaire particulier du Premier ministre britannique, lequel a vendu la mèche dans les années 1980 – son témoignage a été évoqué dans un documentaire sur Channel 4. Ces lettres ont malheureusement disparu : Clementine Churchill aurait mis la main dessus pour éviter à tout prix de briser la légende dorée. Elles sont quelque part, sans doute dans le fonds Churchill, jalousement gardées...

Doris continuera sa vie à cent à l'heure, collectionnant les hommes et même les femmes – sa maîtresse Margot Hoffmann, riche héritière américaine, lui offrira même un palais à Venise... Elle divorce puis s'exile aux États-Unis au début de la Seconde Guerre mondiale avant de finir ruinée et abandonnée de tous, vaincue par les somnifères dans une chambre de l'hôtel Dorchester, à Londres. À moins qu'on ne l'ait fait taire définitivement... Les services secrets britanniques ont toujours gardé un œil sur elle, la surveillant de très près : Doris, devenue incontrôlable, aurait pu salir le Premier ministre en pleine guerre mondiale. À seulement 42 ans, la gourgandine emportait ses secrets dans la tombe et achevait dans le drame son insolente cavalcade.

*
* *

Les opérations loufoques de la Seconde Guerre mondiale

À la guerre, tous les moyens sont bons… Pourvu que l'ennemi se retrouve affaibli, aussi bien physiquement que moralement. Et dans ce duel à mort, ce sont les Alliés qui ont sans doute montré le plus d'imagination face aux puissances de l'Axe pendant la Seconde Guerre mondiale, en marge des grandes stratégies désormais très connues.

La palme de l'imagination revient sans nul doute au rusé Winston Churchill, qui mit toute sa hargne et son énergie pour résister et combattre Adolf Hitler dans ce qu'il appelait « une guerre de voyous », allant même jusqu'à planifier plusieurs opérations ciblées pour l'abattre sur le territoire allemand… On pensa à empoisonner son thé, à attaquer son train blindé, et même à parachuter un petit commando d'élite sur le Berghof, la résidence du dictateur au cœur des Alpes, pour l'abattre directement au cours de ses promenades habituelles – l'opération, baptisée « Foxley », sera finalement annulée, car trop aléatoire et risquée pour le commando, dont aucun membre ne serait revenu vivant.

Pour livrer sa guerre depuis son île, Churchill fait feu de tout bois en mobilisant l'Intelligence Service (le renseignement), tout en créant le Department of Miscellaneous Weapons Development, au sein de l'amirauté. Une organisation que l'historien Claude Quétel définit comme « une sorte de concours Lépine permanent de la guerre » dans son livre sur *Les Opérations les plus extraordinaires de la Seconde Guerre mondiale*. Elle sera notamment à l'origine de pas mal d'inventions, comme le bazooka ou encore les ports artificiels mis en place pour le débarquement en Normandie. Parmi les idées les plus folles qui se retrouvent sur le bureau du Premier ministre britannique – lequel fourmille sans cesse de projets –, la construction d'une base flottante tout en glace dans l'Atlantique Nord, pour servir de porte-avions géant afin de protéger les convois alliés des redoutables U-Boot nazis, hors de portée de l'aviation dans cette zone perdue.

On imagine d'abord découper un bout de banquise, 600 mètres de long, 100 de large, un tirant d'eau de 46 mètres, près de 2 millions de tonnes impossibles à torpiller… Mais comment régénérer la glace ? On se rabat alors sur un matériau composite, un mélange de glace et de pâte de bois, des blocs remplaçables à l'infini. Churchill est emballé, il baptise le projet Habbakuk, fait construire les premiers blocs au Canada, mais commence à tousser au vu de la facture qu'il faudra régler : 70 millions de dollars, soit un milliard de nos euros… Il laisse tomber, d'autant que le rayon d'action des avions s'est élargi et que le Portugal autorise l'utilisation de bases aux Açores.

Dans la panoplie des armes incongrues, l'auteur revient également sur le « *rat bomb* », arme plus modeste inventée en 1942 par le SOE, le Special Operations Executive, le bureau d'action britannique qui soutient la Résistance et les actions de sabotage. Concrètement, on remplit des rats morts de plastic pour en faire des objets piégés que l'on dispose près des usines des territoires occupés, en imaginant que ces minibombes finiront jetées dans les chaudières où elles exploseront... Le résultat ne fut pas conforme aux attentes, comme on s'en doute, mais ces rats provoquèrent tout de même quelques alertes près des usines réquisitionnées par l'Allemagne, ajoutant stress et confusion sur des sites sensibles.

Pas très efficaces non plus, les ballons-bombes de l'opération « Outward », censés semer la terreur dans le ciel allemand : il s'agissait de ballons météo incendiaires ou traînant une longue béquille pour rompre les lignes électriques en les accrochant au vol... Malgré près de 100 000 engins lancés par les Britanniques depuis la mer du Nord, les dégâts furent assez décevants. Des incendies aidèrent la progression des Alliés en 1944, mais ces ballons gadgets furent évidemment beaucoup moins ravageurs que les bombardements intensifs sur les villes allemandes.

Dans la même veine, l'auteur cite l'incroyable projet américain « X-Ray » qui consistait à semer le chaos au Japon avec des chauves-souris transformées en minibombes volantes... L'idée était de lâcher des animaux transportant des charges incendiaires d'une vingtaine de grammes sur des zones stratégiques. Après l'aval de la Maison-Blanche, un engin est mis au point pouvant contenir mille chauves-souris dans des alvéoles spécialement conçues pour s'ouvrir pendant un parachutage. On envisage d'en larguer près d'un million sur la seule baie d'Osaka ! Un test concluant est même mené sur un faux village japonais construit secrètement et qui s'embrase comme une torche sous l'effet du seul affolement des bestioles.

Mais le projet traîne, l'Air Force le trouve trop saugrenu, si bien qu'il est définitivement enterré en 1944 : les États-Unis sont alors entièrement mobilisés sur l'utilisation de la première bombe atomique. Il n'y a plus de place pour les hurluberlus : la stratégie militaire bascule dans l'ère de la destruction massive.

*
* *

Hitler-Churchill : ce qu'ils pensaient l'un de l'autre

Mais que pensait Hitler de Churchill et inversement ? On a parfois mis en avant des comparaisons contestables en soulignant leur patriotisme exacerbé, leur passion pour l'histoire de leurs peuples, leur expérience de la guerre, leur art oratoire, leur charisme et leur capacité à commander et à mobiliser les hommes... C'est oublier un peu vite que ces « frères ennemis » s'opposaient sur bien des points, comme l'explique le spécialiste britannique Andrew Roberts dans son ouvrage *Hitler et*

Churchill, où il démontre au contraire que tout les opposait, à commencer évidemment par leurs convictions politiques profondes, l'un défendant l'éthique de la communauté humaine, l'autre les bafouant au nom de la force totalitaire.

Et pour mieux montrer cet abîme entre les deux hommes, rien de mieux que de se plonger dans l'opinion qu'ils avaient l'un de l'autre pendant les quatre années durant lesquelles ils se sont fait une guerre à mort, un verbatim particulièrement imagé et instructif... Dans cet échange d'amabilités, Hitler est sans conteste le plus vulgaire des deux : selon lui, Churchill est un ivrogne quasi sénile, « une vieille catin décatie du journalisme, un pourceau sans aucun principe », répète-t-il à ses proches. « La lecture de ses Mémoires en fournit la preuve : il s'y livre entièrement nu devant le public. Que Dieu préserve la nation qui accepte comme chef une chose de cette nature ! »

Churchill représente tout ce qu'il déteste : un « pourceau indiscipliné qui est saoul huit heures sur vingt-quatre », un vieux roublard de la politique, ancien journaliste, buveur de whisky et fumeur de cigares, lui qui s'astreint à une hygiène de vie radicale – pas de viande, jus de légumes, soupes d'avoine... Sans compter son aversion pour le tabac, « une vengeance de l'homme rouge sur l'homme blanc qui lui avait apporté l'alcool », selon lui. Les nazis lancèrent d'ailleurs le mouvement antitabac le plus puissant du monde entre 1933 et 1945 pour protéger « la race aryenne ». La propagande ne se gênait pas pour montrer que Mussolini, Hitler et Franco étaient tous trois non-fumeurs, tandis que Staline et Roosevelt étaient accros à la cigarette, sans oublier

Churchill plastronnant avec son double Corona aux lèvres…

Dès le début de leur duel à mort, quand Churchill s'engage résolument dans une guerre acharnée alors que Hitler espérait signer une paix séparée, le dictateur est convaincu qu'il ne fera pas long feu. « Je n'ai jamais rencontré un Anglais qui ne parle pas en mal de Churchill, confie le tyran à ses proches. Jamais un seul qui ne dise pas qu'il avait perdu la tête. » Il se persuade même qu'il ne parviendra pas à rester au pouvoir : « Churchill est comme une bête aux abois, juge-t-il en 1942. Il est dans la même situation que Robespierre avant sa chute. Le vertueux citoyen ne recevait que des louanges quand soudain la situation s'inversa. Churchill n'a plus de soutiens. » Comme il se trompe…

La même année, face au général Rommel, alors que les États-Unis se sont engagés dans la guerre aux côtés des Alliés, Hitler qualifie Churchill de « créature entièrement amorale et répugnante ». « Je suis convaincu qu'il a un endroit tout prêt pour se réfugier outre-Atlantique. Il est évident qu'il ne va pas demander l'asile au Canada. Au Canada, il se ferait rosser. Il ira chez ses amis, les Yankees. » Soucieux de connaître les projets des Britanniques et des Américains, Hitler envisage même une opération d'espionnage pour infiltrer la famille du vieux lion. « La meilleure façon d'y parvenir, ce serait en organisant une petite amourette avec la fille de Churchill, explique-t-il pendant l'été 1942. Si cela réussissait, cela pourrait sauver la vie d'innombrables soldats et officiers allemands. » Selon l'historien Andrew Roberts, l'opération aurait visé Mary, 19 ans, la dernière fille célibataire du Premier ministre. Une « amourette » quasiment impossible à mettre en œuvre en pleine guerre, alors que Mary, très surveillée, travaille au sein du personnel féminin de l'armée de terre...

En face, Churchill n'est pas en reste, lui qui envisage un temps une opération commando sur le Berghof pour aller liquider le dictateur dans sa résidence privée au cœur des Alpes bavaroises. Il lui arrive de le comparer à un « boa constrictor » qui recouvre ses proies de son « immonde salive » Mais d'une façon générale, il garde un œil perçant sur le caractère de son ennemi, ce qui n'est pas le cas de Hitler : « Il a exorcisé l'esprit de désespoir des cerveaux allemands pour le remplacer par le non moins funeste, mais beaucoup plus morbide, esprit de revanche », analyse-t-il dès 1935. Et quatre ans plus tard, en juin 1939, il pressent le pire à quelques mois du déclenchement de la guerre : « Va-t-il ou non faire exploser le monde ? Le monde est quelque chose de très lourd à faire exploser, note-t-il. Les fragments et les éclats énormes peuvent très bien lui retomber sur la tête et le détruire, mais le monde continuera de tourner... »

Quand Hitler envahit l'URSS en juin 1941, Churchill le qualifie sur les ondes de « monstre de malfaisance, insatiable dans sa soif de sang et de pillage ». Et au printemps 1942, alors que les troupes nazies sortent affaiblies de leur premier hiver russe, Churchill pointe du doigt la « grosse bourde » du chancelier allemand. « Hitler a oublié l'hiver russe, ironise-t-il. Sa scolarité a dû être très négligée... Nous en avons tous entendu parler à l'école – mais il a oublié. Je n'ai jamais fait une erreur aussi grossière. »

Le 1er mai 1945, la mort de Hitler surprend Churchill en plein dîner. Son secrétaire Colville lui apporte immédiatement le texte de l'annonce diffusée sur la radio allemande qui informe que le chancelier « a été tué à son poste, à Berlin, en combattant jusqu'à son dernier souffle contre le bolchevisme » – en réalité, il s'est suicidé dans son bunker. Churchill n'a qu'une phrase, saluant son geste : « Eh bien, je crois qu'il a eu parfaitement raison de mourir ainsi... » Si cette mort brutale lui plaît, c'est parce qu'il aurait fait de même à sa place. En cas d'invasion totale de Londres par les Allemands, le Premier ministre avait prévu de se battre à mort au fin fond de son commandement souterrain, à Neasden, au nord de la capitale. « Si la longue histoire de notre île doit enfin se terminer, qu'elle ne se termine que lorsque chacun de nous agonisera en gisant dans son propre sang », avait-il prévenu. Sur cet unique point, les deux ennemis étaient sur la même longueur d'onde.

*

* *

La vie fracassée de la fille de Staline

« J'aurais préféré que mon père fût un simple cordonnier géorgien », reconnaissait Svetlana dans ses Mémoires. Pas facile, en effet, d'être la fille de Joseph Staline, l'un des plus grands tyrans de l'Histoire... « Svetlana est un personnage éminemment tragique, relève sa biographe Claude-Catherine Kiejman. Elle voudra toujours échapper au fantôme trop écrasant du père, avec un côté excessif, entier, exalté, très russe, en somme. Sans y parvenir… »

Quand sa fille voit le jour, en février 1926, le tsar rouge a pris la main sur le Parti communiste soviétique et va s'appliquer à consolider son pouvoir en éliminant toute opposition. Pour la petite Svetlana commence une vie protégée, entre les murs du Kremlin et les datchas modèles des apparatchiks du régime, ne manquant de rien quand les privations et les famines s'abattent peu à peu sur le pays. En 1932, c'est le drame : sa mère Nadia se suicide, sans doute poussée à bout par les infidélités et le caractère despotique de son époux… On cache les faits à la petite fille en évoquant une appendicite, elle apprendra la vérité des années plus tard en lisant par hasard un article.

Avec son père, elle entame une relation complexe : Staline est attendri par sa fille, mais il la soumet à une autorité implacable en éprouvant pour elle un amour tyrannique. Enfant choyée, mais enfant-objet : « Sa tendresse est celle du chat pour une souris », écrira Khrouchtchev dans ses souvenirs. Sans compter les purges qui frappent jusqu'à l'entourage proche de la jeune Svetlana, déjà traumatisée par la perte de sa mère. Des membres de la famille sont arrêtés, la suspicion et l'omerta sont partout, on éloigne la cuisinière et l'intendante, même la nounou est un temps menacée pour avoir servi dans une famille d'aristocrates avant la révolution : la jeune fille résiste, on finit par céder…

« Elle traverse l'adolescence en pleine Seconde Guerre mondiale, ce qui ne favorisera guère les échanges, reconnaît Claude-Catherine Kiejman. Staline se consacre à la guerre, il la voit moins, les rapports se distendent, surtout quand Svetlana apprend enfin la vérité sur le suicide de sa mère... » En 1942, elle tombe amoureuse d'Alexeï Kapler, un cinéaste juif qui déplaît fortement à Staline : il le traite d'espion, l'envoie illico à la mine, convoque sa fille, lui passe un savon, avant de la gifler et de l'insulter comme un moujik. Suivront deux mariages successifs, le premier, pour agacer le maître du Kremlin, avec un étudiant que Staline refuse de rencontrer, puis un second avec un jeune chimiste apprécié du dictateur. Deux unions, deux échecs, et deux enfants, Joseph et Katia. Svetlana, brillante universitaire, rêve de devenir écrivaine, mais le paternel met son veto à ce métier de « bon à rien ».

En décembre 1952, père et fille se retrouvent une dernière fois autour d'un repas interminable entre camarades et apparatchiks, bien arrosé comme il se doit. Dans ces cas-là, Svetlana reste sur ses gardes, elle sait que ses paroles peuvent entraîner soupçons et arrestations... Selon Khrouchtchev, Staline, ivre mort, traînera ce soir-là sa fille par les cheveux pour qu'elle danse devant ses invités jusqu'au bout de la nuit. Deux mois plus tard, il décède seul dans sa datcha, confiné dans sa paranoïa.

Svetlana rêve de liberté mais ne peut y prétendre si facilement : les autorités soviétiques la surveillent de près... elle reste un symbole. Elle commence pourtant sa mue, abandonne le nom de Staline pour celui de sa mère, Allilouïeva, se convertit à la religion orthodoxe, mais quand elle souhaite épouser un Indien croisé dans un hôpital, le régime s'y oppose. L'interdiction de trop. En 1967, elle profite d'un voyage en Inde pour réclamer l'asile politique aux États-Unis, trop contents de prendre ce gros poisson dans leurs filets en pleine guerre froide.

Le retentissement est énorme, d'autant que Svetlana a laissé ses deux enfants en URSS – sa fille Katia ne le lui pardonnera jamais.

Suivent des années d'errance, où elle connaît de nouveau un échec amoureux – son nouveau mari, vénal, imaginait qu'elle cachait des lingots de Staline en Suisse. Elle met au monde une seconde fille, Olga, déménage régulièrement, notamment pour fuir les paparazzis, prend la nationalité américaine, publie ses souvenirs, sans épargner son père, qu'elle qualifie de « monstre », vit un temps aux crochets de la CIA, puis revient en Union soviétique dans les années 1980 – un voyage très décevant –, avant de s'installer cette fois à Londres aux côtés de sa fille Olga... Svetlana est surtout très seule, souvent dépressive, et finit ses jours dans le Wisconsin, très loin de Moscou et de ses fantômes, en novembre 2011. « J'aurai été toute ma vie prisonnière politique de mon père », confiait-elle avant de mourir. Sa dernière hantise fut d'imaginer son corps rapatrié par Poutine à Moscou...

*
* *

Churchill : le destin tragique de sa fille Sarah

Comme en écho à la vie fracassée de la fille de Staline, les enfants de Churchill ont aussi payé au prix fort la célébrité paternelle... On savait que son fils Randolph avait connu un destin chaotique, enfant trop gâté et golden-boy médiocre, à la fois colérique et alcoolique, accumulant les femmes et les dettes de jeu... On savait moins que sa sœur Sarah, aussi glamour que rebelle, avait également souffert de l'ombre écrasante du père, tentant en vain de se faire un prénom à Hollywood. « Toujours sur le point de réussir, elle aurait pu devenir une célèbre star de cinéma mais elle n'y parvint jamais : sa tendance à l'autodestruction sabota son talent », résume Rachel Trethewey dans *Winston et ses filles,* une biographie qu'elle consacre aux trois filles du Premier ministre britannique. Sarah Churchill passa notamment sa vie à chercher à exister, prouver à ce père adoré qu'elle pouvait aussi briller au firmament, avant d'être rattrapée par les drames et l'alcool.

Dès son enfance, le destin s'acharne. Née juste au début de la Première Guerre mondiale, la petite Sarah contracte la tuberculose. Les médecins se trompent de diagnostic et décident de lui enlever les amygdales en l'opérant directement dans la salle de bains du manoir familial, dans le Sussex. L'enfant devient hystérique en voyant le masque de chloroforme et on doit la plaquer au sol pour l'empêcher de s'enfuir... Elle en gardera une aversion pour tous ceux qui tenteront de restreindre sa liberté.

À l'inverse de ses sœurs Diana et Mary, Sarah ne se voit pas en femme d'intérieur. Énergique, caustique et charmeuse, elle cultive un côté rebelle et fuit la vie snob de la *gentry* britannique. Au grand dam de ses parents, elle décide de se lancer dans le music-hall, fréquente une école de danse, où elle apprend les claquettes et décroche une place dans la troupe du fameux imprésario Charles Blake Cochran. Et choque à nouveau ses parents en tombant sous le charme de Vic Oliver, un comédien juif autrichien de dix-huit ans son aîné, deux fois divorcé, qui veut faire d'elle une star – elle sera toujours en quête d'hommes mûrs ou d'une figure paternelle de substitution.

Les Churchill sont consternés, Winston sermonne sa fille en qualifiant son amant de « vagabond itinérant », laquelle réplique en abandonnant sa famille pour rejoindre Vic aux États-Unis en 1936. La presse s'en mêle, suit la fugue de cette jeune femme rebelle qui devient une célébrité du jour au lendemain dès son arrivée sur le sol américain. Dès lors, les journaux ne la lâchent plus et rapporteront dans le détail les chaos de son destin. La fille de Churchill s'enivre de cette notoriété soudaine, se produit au côté de son fiancé, gagne sa vie et se marie à New York en décembre de la même année.

Le mariage ne tiendra pas... Une fois rentrés en Angleterre, Vic et Sarah courent le cachet, lui à la BBC, elle dans les théâtres, enchaînant les succès mais avec des emplois du temps surchargés et une sourde rivalité qui vient ronger leur couple. Sarah prend son envol, échappe peu à peu à ce mari pygmalion, et décide de le quitter dès 1941. Le divorce est reporté, Churchill est Premier ministre, la guerre occupe tous les esprits, il faut éviter tout scandale... Comme pour tourner la page, Sarah s'engage alors dans les auxiliaires féminines de l'armée de l'air et accompagne également son père aux conférences du Caire et de Téhéran. En privé, elle noue une liaison secrète avec l'ambassadeur américain

Gil Winant, de vingt-cinq ans son aîné, lequel finit par se suicider à la fin de la guerre, dépressif et malade. Sarah ne peut s'empêcher de culpabiliser : « Il semble que je dois toujours blesser la personne qui m'aime », écrit-elle à son père.

Elle retrouve l'amour dans les bras du photographe mondain Anthony Beauchamp, qu'elle épouse en 1949, à l'insu de ses parents. Le couple s'installe aux États-Unis, fréquente le Tout-Hollywood. Anthony photographie les stars, Sarah accumule les succès, fait la couverture de *Life*, tourne *Mariage royal* au côté de Fred Astaire, puis *Hamlet* pour la télévision, redevient un bon sujet pour la presse américaine. Mais en coulisse, son mariage bat de l'aile ; le couple est très souvent séparé pour raisons professionnelles ; disputes et réconciliations se succèdent, Sarah se met à boire, c'est l'échec, ils mènent une vie séparée. Jusqu'au nouveau drame : en août 1957, elle apprend le suicide d'Anthony, à seulement 39 ans. C'est la seconde fois que l'un de ses compagnons de route met brutalement fin à sa vie.

Pour Sarah, c'est le début d'une descente aux enfers. En janvier 1958, elle est arrêtée en état d'ébriété, les photos font le tour du monde, elle part suivre une cure en Suisse. En vain ; l'alcool reste pour elle une échappatoire au chagrin et aux dépressions… Un an plus tard, on la retrouve dehors pieds nus et vêtue d'un manteau en peau de léopard : nouveau scandale. Les arrestations se multiplient, les contrats se raréfient, elle est même placée en détention provisoire dans l'hôpital de la prison de Holloway pendant une dizaine de jours.

Elle pense avoir enfin trouvé la paix en croisant la route du baron lord Audley, un artiste aussi sensible qu'elle. Les Churchill respirent et espèrent que leur fille goûtera enfin au bonheur… Elle l'épouse en 1962, s'installe à Marbella (Espagne) et profite enfin d'une vie de couple apaisée. Mais un an plus tard, son mari succombe à une hémorragie cérébrale. Le sort s'acharne. Sarah est effondrée, d'autant plus qu'elle perd peu après sa sœur Diana, son roc et son amie… Elle part vivre un temps à Rome, tombe dans les bras du chanteur noir américain Lobo Nocho, publie ses Mémoires et des poèmes, *The Empty Spaces,* qui remportent un certain succès – même Margaret Thatcher dira les avoir appréciés.

Elle trouve du réconfort dans la foi, mais encore et surtout dans l'alcool – elle est sobre uniquement quand elle rend visite à sa mère, Clémentine. Elle meurt en septembre 1982, à 67 ans, d'une cirrhose et d'une insuffisance rénale. Dans ses Mémoires, elle expliquait que sa vie était comparable au destin d'une femme « qui s'est trouvée être la fille d'un des grands de l'histoire et qui a découvert que le ciel n'était pas toujours bleu ».

*
* *

Philippe Pétain, son lent naufrage à l'île d'Yeu

En 1949, Pétain attend la mort dans le fort de Pierre-Levée, sur l'île d'Yeu, en Vendée. L'ancien chef du régime de Vichy, qui collabora avec l'Allemagne nazie pendant la Seconde Guerre mondiale, a vu sa condamnation à mort commuée par le général de Gaulle en détention à perpétuité. Dans cette forteresse austère, le vieux maréchal, âgé de 93 ans, devient l'objet de toutes les attentions : hors de question qu'il souffre de maltraitance, sa santé périclite, elle doit être surveillée de près par des médecins nommés pour six mois, afin d'éviter tout attachement. Parmi eux, le docteur Albert Massonie, ancien résistant et médecin militaire, nommé de juillet à décembre 1949, à la fin de la vie du maréchal – ce dernier décède en juillet 1951.

Dans un premier temps, Massonie proteste, mais l'ordre est irrévocable : il doit se rendre au chevet du vieillard. Ce qui devait être une corvée se révèle une expérience : le médecin note tout, jour après jour, remplit ses carnets sur l'état de son patient, qu'il appellera « pépé », décrit ses symptômes, son comportement, ses obsessions, son attitude... Tout en dessinant des plans très précis des appartements du maréchal, un simple bureau qui donne sur un vestibule, une chambre avec un lit, une table et une armoire. Un témoignage brut, clinique, sans fard, que Massonie ne souhaita jamais révéler de son vivant et que ses proches ont finalement décidé de publier pour l'Histoire (*J'ai soigné Pétain*).

Qu'apprend-on dans ces notes ? On assiste jour après jour à la lente dégradation psychique et physique d'un vieillard gâteux, qui tente encore de se tenir droit, mais est trahi par un corps et une mémoire plus que défaillants. Pétain est devenu l'ombre de lui-même, incapable de s'habiller seul et de se concentrer longtemps. Il rabâche les mêmes phrases, lit uniquement des livres d'enfants (*Les Aventures de Pirouli*), grignote des bonbons au miel, se montre glouton, mange parfois sa soupe directement avec la louche, ne dort que deux ou trois heures par nuit malgré les somnifères, alterne les phases d'abattement avec des périodes de grande excitation, où il chante à tue-tête l'air de « Toréador » ou ceux des « Cloches de Corneville ».

Rien ne nous est épargné, ni son incontinence ni ses crises de sénilité. L'ancien chef d'État prend l'habitude de jeter dans ses toilettes journaux, mouchoirs, serviettes, et même sa prothèse dentaire… Les périodes de lucidité ne durent que quelques heures, parfois une journée, jamais plus. Le vieux maréchal ne se rend parfois plus compte qu'il est captif : il prend ses appartements pour un train, sa chambre devient un wagon-lit, celle des infirmiers la locomotive, les aides-soignants sont les mécaniciens… « Voici les dernières instructions pour la bonne marche du convoi », lance-t-il à son entourage, qui écoute patiemment le même refrain tous les deux jours. L'ancien chef d'État est amnésique, il se perd dans les souvenirs. Un seul nom provoque toujours la même réflexion, celui du général de Gaulle, qualifié systématiquement de « prétendant ».

Une question demeure : fallait-il publier le texte de Massonie ? Certains le trouveront dérangeant, trop intime, violant le secret médical d'un homme au bord de la tombe. D'autres y voient un témoignage historique comme un autre, une source qu'il convient de verser dans les archives. « Ce type de document est très rare, explique l'historien Fabrice d'Almeida, qui préface l'édition des notes de Massonie. Il y a très peu de témoignages sur la fin de vie des dirigeants. On se souvient du livre du docteur Gubler sur Mitterrand, très vite interdit, et d'un autre sur Mandela qui a été retiré à la suite des pressions de l'entourage. D'où l'intérêt d'un tel témoignage, sur les plans à la fois médical, historique et moral. Comment la République doit-elle punir un ex-dirigeant devenu sénile ? Comment punir un vieux méchant ? Pétain, c'était la milice, la collaboration, le grand méchant loup, et là, on s'aperçoit soudain qu'il n'a plus de dents, qu'il n'est plus rien : la donne change, le regard que l'on porte sur lui aussi. Sa prison se mue en réalité en hôpital. Et l'intime, aussi dérangeant soit-il, ouvre des débats toujours actuels. »

La Shoah n'est pas évoquée, le remords n'existe pas. Comment pourrait-il s'exprimer avec une conscience délabrée ? Quand on interroge le maréchal sur ses relations avec les dignitaires allemands, Pétain répond invariablement : « Je ne me souviens plus... » Dans ce brouillard, son épouse, Annie Pétain – qui obtient l'autorisation de venir déjeuner avec lui –, tente de vivifier sa mémoire défaillante : elle lui rappelle des faits, des noms, des anecdotes. Mais son mari se mure dans le silence. Puis soudain : « Qui êtes-vous, Madame ? » « Mais, mon chou, tu me reconnais bien : je suis ta femme », lui répond-elle. « Ma femme ? Oh, la bonne plaisanterie ! Depuis quand êtes-vous veuve, Madame ? » lui rétorque le vieillard. Dehors, devant les journalistes, Mme la maréchale décrit un Pétain plein de vie, parlant l'anglais et dissertant sur l'Amérique... Il faut à tout prix garder intacte l'image du chef de Verdun qui fit « don de sa personne à la France ». Bataille d'images et de vanité, alors que Pétain franchit déjà les portes du néant.

*
* *

Zhang Yufeng, la favorite qui lisait sur les lèvres de Mao

On sait que Mao avait une activité sexuelle débordante, multipliant les partenaires comme pour se rassurer sur sa virilité et assurer sa longévité au contact de jeunes beautés... Son mariage avec l'actrice Jiang Qing s'était peu à peu mué en partenariat politique, et le dirigeant communiste, à l'exemple des anciens empereurs, n'hésitait pas à accumuler les conquêtes d'un soir, notamment lors de ses déplacements dans le pays à bord de son train spécial...

En 1962, il fait la rencontre de Zhang Yufeng – la bien nommée Phénix de jade –, membre de la troupe des danseuses de l'Armée populaire de libération, une compagnie qui sert carrément de vivier au président. À 20 ans, elle va brusquement incendier les sens du vieux leader de 70 ans, qui la garde dès lors en permanence à ses côtés, soit dans son fameux train, soit dans sa résidence officielle, à Pékin, dans sa chambre-bureau, bâtie près d'une piscine où il passe la plupart de son temps, vêtu d'un peignoir de bain...

D'hôtesse attitrée, Zhang Yufeng va rapidement devenir la gouvernante privée du Grand Timonier, puis sa secrétaire exclusive. « Elle assistait Mao dans sa vie quotidienne, filtrait ses visiteurs et lui lisait des coupures de la presse chinoise et étrangère ainsi que les documents internes du parti », détaille le sinologue Alain Roux dans *Les Énigmes de l'histoire*. Et quand Zhang Yufeng claque un jour la porte pour repartir chez sa mère, Mao demande à son épouse Jiang Qing de la convaincre de rester à ses côtés…

Au début des années 1970, la santé du leader décline : affaibli par des quintes de toux, handicapé par la cataracte, victime de tremblements et de paralysie, Mao n'est plus que l'ombre de lui-même – les médecins diagnostiqueront la maladie de Charcot en 1974, deux ans avant sa mort. Dans le secret du palais présidentiel, sa jeune maîtresse l'aide à se mouvoir, lui donne à manger des bouillies épaisses, regarde avec lui des westerns, des Chaplin ou des films de cape et d'épée – ses préférés – en sirotant un alcool de riz…

Sa mission d'ange gardien empiète forcément sur le politique : la jeune femme partage les secrets du pouvoir, joue les lectrices et devient surtout la seule personne à pouvoir déchiffrer les borborygmes du leader communiste, qui ne parvient plus à s'exprimer clairement. Il hoche le plus souvent la tête pour approuver une décision, et quand il remue les lèvres, Zhang Yufeng est mise à contribution pour traduire la pensée du tyran grabataire en quelques lignes… Pendant quatre ans, le pays, traversé par des luttes de pouvoir, est ainsi suspendu à la parole énigmatique de son leader moribond traduite par sa jeune concubine.

Quel a vraiment été le pouvoir politique de Phénix de jade ? Selon Alain Roux, consciente des enjeux et du danger, cette dernière s'est toujours efforcée de rester neutre et impartiale. Mais sa proximité avec Mao en fit un témoin de premier plan, notamment lorsqu'elle retranscrivit son testament politique quelques mois avant sa mort. Elle fut également un vecteur indispensable entre Mao et le parti, qui obéissait comme un seul homme à la fameuse PMZD, la Pensée Mao Zedong. « Si le contact avait été perdu entre Mao en fin de vie et l'équipe dirigeante, il eût été beaucoup plus difficile de transférer l'autorité qui lui avait été reconnue de son vivant à cette Pensée immatérielle sur laquelle le PCC fondait durablement sa légitimité », estime Alain Roux.

L'Histoire retiendra que cette dernière épouse officieuse précipitera elle-même la mort du dictateur en se disputant violemment avec lui quatre mois avant sa disparition, provoquant un infarctus du myocarde qui laissa Mao exsangue. Phénix de jade rendra ainsi un dernier service aux ambitieux – dont Deng Xiaoping – qui attendaient patiemment leur tour pour prendre la relève...

*
* *

Comment le prince Rainier prit Grace dans ses filets

La star et son prince, Hollywood n'aurait pu imaginer plus beau scénario… Il va se concrétiser au printemps 1955, en comptant sur les jeux de l'amour, une bonne dose de hasard et la roublardise des journalistes de *Paris Match*. À l'époque, Grace Kelly vient de décrocher un oscar pour *Une fille de la province* quand les organisateurs du Festival de Cannes lui proposent de venir briller sur la Croisette, tous frais payés, billets d'avion, suite au Carlton et limousine…

Quand *Paris Match* apprend la nouvelle, la direction décide de monter un reportage photo au palais entre le prince Rainier et la nouvelle reine de Hollywood – de quoi combler les pages et ravir les lecteurs. Les patrons du journal chargent le journaliste Pierre Galante de monter rapidement l'affaire…

Rainier III n'est pas contre. À 31 ans, il sort d'une liaison de six ans avec la comédienne Gisèle Pascal et sent la pression s'accroître sur ses épaules : il se doit de se marier, de fonder une famille, d'avoir un héritier, et si possible avec une personnalité internationale, afin d'attirer la lumière sur son royaume confetti – une idée qui lui avait été suggérée par son ancien ami puis rival Aristote Onassis, gros actionnaire de la Société des bains de mer, qui gère le casino et les hôtels de luxe. Poser avec une star américaine est une façon comme une autre de faire un beau coup de pub à Monaco, alors, pourquoi pas…

Pour Grace Kelly, rejoindre la France, c'est surtout l'occasion de revoir son amant de l'époque, le comédien Jean-Pierre Aumont, tombé sous le charme de l'actrice lors d'un passage à New York. Aumont lui propose qu'ils se revoient en France, et notamment à Cannes, où il sera présent… D'où l'empressement de Grace à accepter l'invitation du Festival – selon son biographe Donald Spoto, Aumont sera là pour l'accueillir discrètement à la gare…

Dès son arrivée sur le sol français, *Paris Match* est à la manœuvre : Pierre Galante et sa femme, l'actrice hollywoodienne Olivia de Havilland, ont sympathisé avec Grace dans le train de nuit depuis Paris, et le journaliste lui propose tout naturellement de faire un saut à Monaco, dont elle avait aperçu les splendides jardins du palais lors du tournage de *La Main au collet*, d'Alfred Hitchcock, un an auparavant… « Pourquoi pas, répond Grace, si mon emploi du temps me le permet. »

Galante revient à la charge et lui propose un rendez-vous le 6 mai, à 16 heures, « avec le prince ». « Je ne vois pas pourquoi il est si important que je voie le prince, s'interroge Grace, dont le cœur est pris par Aumont. Mais si vous pensez que c'est une bonne idée, je le ferai. » Le lendemain, Mlle Kelly manque d'annuler le rendez-vous ; elle doit présider un cocktail à 17 h 30 au Carlton de Cannes avec la délégation américaine du Festival. Galante appelle le palais, le prince pourra se libérer pour 15 heures, l'actrice aura ainsi tout le temps pour rejoindre son palace et se préparer…

Le jour dit, Grace Kelly visite le palais en solo, prenant la pose dans la salle du trône, les galeries, les pièces d'apparat, et commence à perdre patience. Elle prend le thé, Rainier se fait attendre, elle trouve décidément ce prince bien impoli et s'apprête à partir quand il arrive enfin. « Voulez-vous visiter le palais ? », « Nous venons de le faire », réplique Grace… On se rabat sur une promenade dans les jardins, *Paris Match* tient son sujet, Grace rentre à Cannes et passe la soirée avec Jean-Pierre Aumont – ils se réfugieront ensuite à La Napoule pour échapper aux paparazzis.

Une romance qui ne résistera pas à l'éloignement géographique. Une fois rentrée aux États-Unis, Grace Kelly se sent plus seule que jamais, d'autant qu'elle prépare le mariage de sa sœur Lizanne. « J'étais malheureuse, disait-elle à cette époque, tout auréolée de son oscar. Je connaissais la gloire, mais la gloire n'est qu'une coque vide si vous n'avez personne avec qui partager ce moment… » Elle envoie un message formel à Rainier à la suite de leur rendez-vous cordial, lequel la remercie d'avoir pris du temps pour visiter Monaco. Une correspondance secrète s'installe pendant sept mois, qui tourne vite à la séduction épistolaire : ils évoquent leurs goûts, se trouvent des points communs – notamment leur foi, le désir de fonder une famille –, et finissent par se déclarer leurs sentiments.

À la fin de l'année 1955, leur relation est suffisamment solide pour qu'on voie le prince Rainier débarquer à New York, flanqué de son aumônier et de son médecin personnel. Officiellement, il vient passer des examens de santé. Officieusement, il vient faire sa demande à Grace, avec un diamant de taille émeraude de 10,47 carats. La mère de l'actrice, enthousiaste, annonce à qui veut l'entendre que sa fille « va épouser le prince du Maroc ! », confondant Morocco et Monaco. Le mariage au printemps 1956 sera grandiose et spectaculaire, financé en partie par la MGM, faisant de Grace Kelly une star couronnée. Mais il sonnera le glas de sa carrière, Rainier III refusant de la voir, une fois devenue princesse monégasque, reprendre le chemin des plateaux. Pendant toute sa vie, elle conservera son oscar sur une tablette, dans sa chambre, comme dernière relique de sa vie d'actrice.

*
* *

Romy Schneider : les fantômes nazis de son enfance

Elle est morte au printemps 1982, emportée par la douleur, l'extrême fatigue et les médicaments… On a tout dit sur ses errances, l'alcool, son caractère entier et son âme vulnérable. Mais pour comprendre Romy, il faut aussi remonter à ses blessures d'enfance, jamais vraiment cicatrisées, ses premières années vécues en pleine Seconde Guerre mondiale, alors que ses parents, tous deux acteurs, étaient de vils courtisans du régime nazi. Avec le recul, on pourra toujours prétexter que beaucoup d'artistes se sont fourvoyés à l'époque, surtout s'ils voulaient continuer à travailler, mais d'autres n'ont pas hésité à prendre le large, comme Marlene Dietrich – malgré les appels du pied de Goebbels pour la faire revenir de Hollywood.

Avant que Romy ne devienne une star, il faut comprendre que sa mère fut une vraie vedette en Allemagne : Magda Schneider a enchaîné nombre de succès au théâtre puis au cinéma, sous la houlette de l'UFA, la firme de production allemande qui passa rapidement sous le contrôle nazi. C'est là qu'elle croisa son futur mari, le séduisant et coureur Wolf Albach-Retty, qui lui fit deux enfants, dont Rosemarie, future Romy, avant de délaisser son foyer... Les deux artistes n'eurent aucun scrupule à continuer leur carrière, Wolf Albach-Retty tourna trois ou quatre films par an, adhéra au parti nazi et évita l'enrôlement militaire grâce à ses liens avec Goebbels.

Quant à Magda, elle va se retrouver géographiquement très proche des dignitaires nazis du fait de sa maison de campagne, un chalet cosy débordant de géraniums qu'elle a fait construire à Berchtesgaden, ce petit Saint-Tropez montagneux où Hitler décida également de s'installer dans les années 1930... Le Berghof n'est qu'à quelques kilomètres à vol d'oiseau de la demeure des Schneider, et Hitler connaît bien Magda pour être allé l'applaudir dans les théâtres de Munich dans les années 1920 – il avait le béguin et lui faisait porter des fleurs.

Quand il résidait à Berchtesgaden, entouré de sa cour, le leader nazi savait pertinemment que l'idole de sa jeunesse vivait à deux pas et Magda fut régulièrement invitée pour un thé ou une promenade, parfois accompagnée de sa petite Romy – une vidéo existe, tournée par Eva Braun avant la guerre, où on la voit faire partie d'un groupe de personnes devisant avec le dictateur. Magda a-t-elle succombé à Hitler ? Romy en était persuadée, comme elle l'a confié à son amie la journaliste allemande Alice Schwarzer. « Je crois que ma mère a eu une liaison avec Hitler ! » lui lança-t-elle un soir de 1976, lors d'une grande interview vérité qui fit l'objet ensuite d'un livre et d'un documentaire sur Arte.

« Il ne faut pas exagérer, Romy disait ça quand elle était sous l'empire de l'alcool », tempère Emmanuel Bonini, auteur d'une biographie très détaillée de la star. « On peut tout supposer, mais, là, on verse dans la fantaisie et la romance. Sans compter la sexualité de Hitler, qui reste encore un grand mystère… Mais il est vrai qu'en bonne opportuniste, Magda a fréquenté de près l'entourage du dictateur, sans être pour autant encartée au parti. Elle l'a d'ailleurs payé cher, sa carrière s'est effondrée après guerre, jusqu'aux *Sissi* qui vont la remettre en selle… » Sarah Biasini, la fille de Romy, considérait elle-même qu'une liaison entre sa grand-mère Magda et Hitler relevait de la pure légende. Mais elle confiait que Romy se demandait toujours pourquoi sa mère n'avait jamais quitté l'Allemagne à cette époque…

Car Magda Schneider s'est aussi montrée très proche de Martin Bormann, l'âme damnée de Hitler, trésorier et secrétaire particulier du dictateur, un homme brutal et sans scrupule, qui détenait les clés du Berghof et que l'on pouvait difficilement éviter... « Vous savez, Martin Bormann était le secrétaire de Hitler, l'homme le plus puissant et le plus redouté dans les coulisses du IIIe Reich, confirmera Magda en 1982. Les Bormann avaient huit enfants, donc les anniversaires ne manquaient pas... » Dans une autre confidence à la presse allemande, après la mort de sa fille, l'ex-actrice reconnut que Romy était parfois invitée à la fête de l'un d'entre eux. « Quelqu'un lui avait dit qu'elle était la plus jolie petite fille de Berchtesgaden ! »

Ces découvertes tardives eurent sur Romy les conséquences que l'on imagine... Colère, dégoût, et une distance encore plus prononcée avec un pays qui ne lui avait jamais pardonné sa fuite pour la France et les beaux yeux d'Alain Delon, après le succès colossal de *Sissi*. Selon son amie Alice Schwarzer, l'actrice avait tenté de « réparer les choses à sa manière ». La journaliste rappelle ainsi dans sa biographie que le premier homme qu'elle avait épousé, l'acteur Harry Meyen, avait été persécuté par les nazis parce que demi-juif – son père avait été tué dans un camp de concentration. Et ce n'était pas un hasard si elle avait donné des prénoms juifs à ses enfants, David et Sarah.

« Et il n'y a absolument aucun hasard dans le fait que Romy Schneider, les dernières années de sa vie, n'a[it] cessé, avec de plus en plus d'insistance, de jouer des rôles de victimes du nazisme », relève son amie. On l'a vue ainsi interpréter une juive allemande persécutée pendant la guerre dans *Le Train*, une femme sauvagement assassinée par les SS dans *Le Vieux Fusil* ou encore *La Passante du Sans-Souci*, tourné en 1981, dans lequel elle incarne deux femmes à des décennies d'écart, toutes deux victimes de nazis, un rôle qu'elle désirait plus que tout et dans lequel elle s'est jetée à corps perdu. Le dernier film de sa vie, comme un solde de tout compte.

*
* *

François Mitterrand et Dalida, passion secrète

La star des paillettes et des dancefloors aux côtés du patron de la gauche française des seventies... L'affiche fait sourire, elle a pourtant intrigué les Français et déchaîné en son temps les chansonniers : « Mimi l'Amoroso sous le charme de la Panthère rose », raillaient à l'époque les imitateurs, qui parodiaient avec délectation cette incroyable proximité. L'histoire remonte au début des années 1970 : la star, au sommet de sa carrière, brillante et envoûtante, enchaîne les succès et les galas lorsqu'elle se trouve invitée à Marseille par Gaston Defferre, maire de la ville, à chanter pour un rassemblement du Parti socialiste. Mitterrand est dans la salle, son œil frétille, il veut la revoir, Defferre insiste auprès de la chanteuse, qui finit par se rendre au dîner des barons du parti prévu après le spectacle. Première rencontre, première approche... Dalida, qui n'a pas fait de longues études, est fascinée de se retrouver au côté du leader de la gauche, brillant et cultivé. Quant à François Mitterrand, il ne cache pas son plaisir d'avoir charmé cette splendide blonde de 39 ans, star très populaire de surcroît…

Ils ne tardent pas à se revoir. Dalida accepte de venir chanter pour les vingt-cinq ans de la vie parlementaire du leader socialiste dans son fief de Château-Chinon, sous un chapiteau. À la fin du show, Mitterrand monte sur scène, les bras chargés d'une gerbe de roses, sous les crépitements des appareils photo. La chanteuse fait peu à peu la connaissance du premier cercle, Danielle Mitterrand, son neveu Frédéric, ou encore l'impayable Roger Hanin, une amitié commence à naître entre l'homme politique et la star. Jusqu'où ira-t-elle ? Tous deux ne l'ont jamais commentée, Dalida se bornant à expliquer qu'elle appréciait l'homme derrière le candidat, tandis que ce dernier a toujours jalousement défendu les voies de traverse de sa vie privée… Orlando, le frère de la chanteuse, est longtemps resté vague sur cette histoire, avant de reconnaître que Mitterrand « avait tous les culots » et venait sonner « à n'importe quelle heure ». « Je sais qu'il y a eu quelque chose... Ils se connaissaient depuis dix ans, il n'était pas encore président, il était patron du Parti socialiste, personne ne s'en était offusqué, personne ne posait de question… »

Il y en a une qui a raconté en détail les coulisses de cette relation : Jacqueline Pitchal, l'épouse du psychanalyste que fréquentait Dalida, devenue l'une de ses amies proches. En 2007, elle publiait *Dalida, tu m'appelais petite sœur* et racontait dans *Paris Match* que la chanteuse était amoureuse de Mitterrand dès 1979. « Elle avoue une idylle avec un homme passionnant, admirable. Il s'est marié très jeune, sa position ne lui permet pas de divorcer, mais son couple est libre… Il s'appelle François. » Suivent des rendez-vous discrets dans sa maison de Montmartre, rue d'Orchampt, lui arrivant avec sa rose sous le bras et une casquette sur la tête, elle préparant un dîner fin aux chandelles… « Lorsqu'il ne vient pas en taxi, il vient en voiture, et se gare rue Lepic, raconte Jacqueline Pitchal dans *Match*. Il arrive souvent seul, sans chauffeur, ni garde du corps. Il prend beaucoup de risques lorsqu'il ne trouve pas de place et qu'il est obligé de faire le grand tour… »

Pendant la campagne électorale de 1981, Dalida s'engage publiquement pour le leader socialiste, on la voit même accompagner des militants dans les rues de Montmartre, lors des distributions de tracts… Sa villa devient bientôt le nouveau QG des jeunes loups du parti, qui refont le monde autour d'un plat de pâtes ou de fruits de mer. Dalida apprend la victoire de son champion en mai 1981, alors qu'elle se trouve en récital à Abu Dhabi. Quelques jours plus tard, elle est au premier rang des fidèles, en robe fuchsia, lors de la fameuse cérémonie du Panthéon, en compagnie des vieux compagnons de route du vainqueur. Elle y gagne son fameux surnom de « Panthère rose ».

La voilà devenue l'égérie de la gauche, vite raillée dans la presse. *Le Canard enchaîné* se demande avec humour où Mitterrand va caser la star dans son gouvernement. Après l'euphorie, c'est la douche froide. Appels anonymes, graffitis sur les murs, lettres injurieuses dans son jardin… Dalida préfère prendre le large et s'envole pour une grande tournée à l'étranger. Son histoire avec le beau François a duré le temps d'une floraison de roses… Toujours selon Jacqueline Pitchal, ce dernier lui aurait demandé un jour, par lettre, de ne jamais évoquer publiquement leur histoire, afin de ne pas nuire à sa carrière. En 1983, elle claque la bise à Jacques Chirac, alors maire de Paris, lors d'une soirée people en compagnie de Line Renaud. La star volcanique a tourné la page.

*

* *

Manoir de Souzy-la-Briche : le repaire secret de Mitterrand

Nombre de fantasmes courent sur le château de Souzy-la-Briche, qui fut pendant treize ans la résidence secondaire du président Mitterrand, où il aimait passer ses week-ends avec sa maîtresse et leur fille Mazarine... Un manoir bourgeois du XIXe siècle, entouré d'un parc de plus de 360 hectares, situé au sud de Paris, au cœur d'un village paisible d'Île-de-France. Et surtout une dépendance de l'Élysée, et qui fut longtemps l'un des secrets les mieux gardés de l'ère mitterrandienne.

Au départ, rien ne prédestinait le château de Souzy à entrer dans l'Histoire : domaine longtemps bichonné par un couple, les Simon, ces derniers décident de l'offrir après leur mort à la République. Georges Pompidou accepte le don, la résidence devient un domaine de la présidence, et si jamais la France est un jour incluse dans les « États-Unis d'Europe », une clause stipule que le « domaine Simon » deviendrait celui du président de cette fédération…

Que faire de ce domaine ? La République possède déjà Rambouillet, Marly, Brégançon… Pompidou n'y met jamais les pieds, Giscard d'Estaing non plus, en revanche, Mitterrand est immédiatement séduit par le calme discret de cette propriété cossue, méconnue du grand public. Un endroit idéal pour profiter de sa seconde famille, cachée aux Français, qui ne se doutent absolument pas que leur nouveau président est père d'une petite fille, Mazarine, née seulement six ans avant son accession à l'Élysée.

Dès l'été 1981, Mitterrand visite les lieux en toute discrétion avec son ami et grand argentier André Rousselet, futur patron de Canal+. L'endroit est humide, poussiéreux, l'étang est un vrai marécage, mais le nouveau président est ravi : de hauts murs entourent la propriété, pas de risque de photos de paparazzis. « Remettez tout ça en ordre, un peu de peinture et ce sera parfait. » Coût des travaux : 2,5 millions de francs de l'époque, pris en toute discrétion sur d'autres lignes budgétaires, souvent avant même l'établissement de devis… Rénovation complète, réparation de la toiture, aménagement du parc, construction d'un terrain de tennis, dépôt de quelques œuvres d'art… Et voilà le manoir de Souzy-la-Briche métamorphosé en charmante demeure de campagne, aux frais de la princesse.

Le président s'y rend presque tous les week-ends, en compagnie d'Anne Pingeot et de leur fille. Dès son arrivée, Mitterrand enfile une tenue décontractée et part faire le tour du parc, quand il ne joue pas à la pétanque avec ses gardes du corps, pendant que Mazarine dispute des parties de ping-pong avec les siens... Quelques visiteurs triés sur le volet sont admis, des proches d'Anne Pingeot, les Badinter, le fidèle André Rousselet et ses enfants... Le chef de la sécurité Christian Prouteau déniche un gardien de toute confiance, la femme de ce dernier s'occupe des fourneaux, les discussions s'éternisent autour de la table, on se retrouve devant la télé, pour regarder *Les Guignols de l'info* et des séries américaines comme *Starsky et Hutch* et *Dallas*, dont père et fille rejouent parfois des scènes. Et le dimanche soir, pendant le retour à Paris, le président fait réciter ses leçons à Mazarine...

Dans son ouvrage *Les Châteaux de la République*, l'historien Fabien Oppermann raconte comment un parcours hippique est mis en place à Souzy pour 600 000 francs supplémentaires. L'adolescente de 14 ans, qui a appris à monter à l'École militaire, fait un jour une chute sévère, semant la panique : elle est évacuée à l'hôpital d'Arpajon, puis au Val-de-Grâce sur ordre présidentiel. Le président en sera quitte pour une grosse frayeur et attendra le soir pour rendre visite discrètement à sa fille, quand les couloirs se seront vidés...

Mais les mystères de Souzy commencent à intriguer la presse, notamment quand le journaliste Jean-Edern Hallier menace de tout dévoiler dans un livre, en faisant circuler son manuscrit dans les rédactions. Il racontera plus tard comment Mitterrand l'invita discrètement à Souzy pour le convaincre de lâcher l'affaire – l'ouvrage sera publié après la mort du président. Nouvelle alerte quand un magnifique cheval – un Akhal-Téké – est offert par le Turkménistan à Mitterrand en 1994, avant de mystérieusement disparaître des radars, ce qui intrigue certains médias. En réalité, Mazarine le monte le week-end… On finit par présenter officiellement le cheval à la presse dans une caserne, histoire de calmer les rumeurs. Jusqu'au bout, le chef de l'État profita des lieux : il y était encore deux jours avant de quitter le palais de l'Élysée, rongé par le cancer, s'accrochant aux derniers souvenirs de son bonheur secret.

Que devient alors le manoir républicain ? Bernadette Chirac y vient en famille, elle fait rénover la cuisine et profite au calme de son petit-fils Martin. Nicolas Sarkozy délaisse les lieux pour La Lanterne et souhaite revendre le domaine, mais y renonce, en raison du testament des époux Simon, qui l'en empêche. François Fillon le visite en coup de vent et Jean-Marc Ayrault entreprend des travaux de rénovation pour n'en profiter que quelques week-ends… Depuis, le discret château des présidents a retrouvé sa torpeur et sommeille avec ses fantômes.

*

* *

Les dernières heures de Lady Di

C'est un témoignage aussi émouvant que rarissime : Monsef Dahman, l'un des médecins qui ont tenté de sauver la princesse de Galles en août 1997 a accepté de témoigner près de vingt-cinq ans après la mort de Diana. Devenu chirurgien à l'hôpital d'Antibes, il avait 33 ans au moment des faits et se trouvait de garde à l'hôpital de la Pitié-Salpêtrière lorsque les services d'urgence ont pris en charge Lady Di, après son accident de voiture au matin du 31 août 1997.

Les premiers secours sont intervenus directement sur place vers 00 h 40, sous le tunnel de l'Alma. On extirpe alors Diana de la carcasse de la Mercedes encore fumante, on stabilise sa tension et sa respiration, mais le cœur lâche subitement. Une fois réanimée, la princesse de Galles est emportée à petite vitesse pour éviter les chaos vers la Pitié-Salpêtrière, avant un deuxième arrêt cardiaque vers le pont d'Austerlitz, nécessitant une injection, puis l'arrivée enfin à l'hôpital, à 2 h 06 du matin.

Commencent alors les deux heures les plus longues de la vie du chirurgien Dahman. « Je me reposais dans la pièce de garde lorsque j'ai reçu un appel de Bruno Riou, l'anesthésiste de garde en chef, me disant d'aller aux urgences, a-t-il expliqué au *Daily Mail.* On ne m'a pas dit qu'il s'agissait de Lady Diana, mais seulement qu'il y avait eu un grave accident impliquant une jeune femme... » La salle de repos se trouve à 50 mètres des urgences, Dahman est rapidement sur place, où il note une tension particulière : son assistante stagiaire se tient discrètement dans un coin, il voit au sol le Pr Riou s'occuper d'une dame allongée sur une civière, et beaucoup d'affairement autour d'eux.

« J'ai vite réalisé la gravité des choses », se souvient-il, une intuition confirmée quand on lui précise qu'il s'agit de la princesse de Galles. « Toute cette activité inhabituelle est devenue claire pour moi, poursuit-il. Pour tout médecin, c'est toujours impressionnant d'être confronté à une jeune femme dans cet état. Mais plus encore quand il s'agit d'une princesse... »

Le Pr Dahman ne souhaite pas trop entrer dans les détails, secret médical oblige, mais les faits sont aujourd'hui connus : les premières radios montrent que Diana souffre d'une hémorragie interne très grave. Elle subit rapidement un drainage thoracique et est transfusée. Après un nouvel arrêt cardiaque vers 2 h 15 du matin, le Pr Riou demande à Dahman d'effectuer une intervention chirurgicale d'urgence. La situation est critique, il faut agir vite. « Je l'ai fait pour lui permettre de respirer », raconte le chirurgien, qui découvre alors une déchirure importante de son péricarde, la membrane qui recouvre le cœur. « Le sien ne pouvait pas fonctionner correctement car il lui manquait du sang... »

Entre-temps arrive le Pr Alain Pavie, réveillé d'urgence, l'un des meilleurs chirurgiens cardiaques de France, qui décide de transférer immédiatement Diana en salle d'opération, soupçonnant une autre complication. Pavie agrandit l'ouverture et voit une blessure plus grave, une déchirure de la veine pulmonaire supérieure gauche, provoquée par la collision. La plaie est suturée, les dommages physiques les plus importants sont réparés. Mais en vain : le cœur de Diana, qui s'est arrêté avant l'exploration chirurgicale, ne redémarre pas... « Nous avons essayé plusieurs fois les décharges électriques et, comme je l'avais fait aux urgences, le massage cardiaque, explique Monsef Dahman. Le Pr Riou a administré de l'adrénaline. Mais nous n'avons pas pu faire battre son cœur à nouveau. Nous nous sommes battus jusqu'au bout, nous avons tout tenté, vraiment tout... »

À 4 heures du matin, l'équipe dirigée par le Pr Pavie arrête les soins. « Une décision collégiale », se souvient Dahman. « On a déjà soigné à la Pitié-Salpêtrière des gens qui étaient dans un état plus grave que Diana à son arrivée. C'est l'un des meilleurs centres de France pour ce type d'urgence traumatique. Et nous avons sauvé certaines de ces personnes, ce qui nous rendait particulièrement heureux et fiers. Mais cela ne s'est pas produit dans ce cas-là. Nous n'avons pas pu la sauver. Et cela nous a beaucoup affectés. »

Il se souvient être sorti de la salle « brisé et abattu », comme ses collègues. Le jeune Dahman ne prête guère attention au brouhaha et au ballet des dignitaires, des officiels et des curieux qui commencent à envahir les couloirs de l'hôpital public. Le lendemain, il sera horrifié quand un homme l'abordera soudain pour lui acheter ses sabots blancs de bloc opératoire, recouverts du sang de Lady Di. « Ah, vos sabots, ils m'intéressent ! lui lance l'inconnu. Je veux vous les acheter, ils ont du sang bleu sur eux… » Il lui tourne le dos et s'empresse d'aller les nettoyer.

Près de vingt-cinq ans plus tard, Monsef Dahman n'a rien oublié de cette nuit funeste. Comment le pourrait-il, lui qui dit avoir tenu physiquement le cœur de Diana entre ses mains… « Quand nous arrivons en août, j'y pense forcément. C'était l'année de la naissance de mon fils et, bien sûr, à chaque anniversaire, j'y pense… » Il dit aussi avoir été fortement marqué par les obsèques de Diana, quelques jours après avoir tout tenté pour la ramener à la vie. « Quand il s'agit d'une princesse et que vous suivez ses funérailles avec des milliards d'autres personnes, et que vous avez essayé de la sauver, cela vous marque à vie. C'est terrible que cette belle personne ait eu une fin aussi tragique. »

*

* *

Charles III, le roi maudit

La providence a fait de Charles III l'héritier d'une monarchie séculaire… Mais la vie s'est chargée de lui réserver amertumes et déceptions à tous les tournants de son destin. À commencer par son enfance, qu'il a décrite lui-même comme profondément « misérable ». Une mère sévère et détachée, accaparée par sa fonction, qui voyait très peu ses enfants, et un père trop strict et autoritaire, qui ne l'a jamais vraiment compris : Charles le timide et le rêveur vit sous les dorures, mais sans l'affection et la reconnaissance des siens qu'il va attendre finalement toute sa vie…

Pensionnaire dès 9 ans, il intègre quatre ans plus tard le collège de Gordonstoun, en Écosse, un établissement spartiate qui se targue de former les adolescents avec des méthodes d'un autre temps. Charles le sensible se retrouve ostracisé et harcelé par les autres élèves, qui le frappent la nuit quand il ronfle, ou se moquent de ses oreilles en chou-fleur… « L'enfer absolu », résumera le prince de Galles. « Mes parents, peu présents dans mon jeune âge, ont tout fait pour contrarier ma nature », confiera-t-il à son biographe Jonathan Dimbleby.

Et que dire de sa vie privée, qui fut longtemps un champ de ruines ? Il aime Camilla Shand, une fille franche, délurée et pleine d'aplomb ; Buckingham préfère la sage Diana, Charles cède à ses parents avec le désastre que l'on connaît : deux êtres aux antipodes, un mariage raté, Camilla qui revient, Diana qui se venge et fait trembler les murs de la monarchie britannique en doutant même publiquement de la capacité de son mari à régner... Les attaques sont dévastatrices, la popularité de Charles dévisse, avant qu'il connaisse le pire avec la mort de son ex-épouse dans un tragique accident à Paris en 1997.

Comment lutter contre l'image de celle qu'on érige presque en sainte et martyre ? Le purgatoire commence, huit ans à faire profil bas avant, finalement, d'épouser Camilla. Mais rien n'y fait, les sondages ne décollent pas, voilà Charles largement dépassé par la popularité de la nouvelle génération, William et Kate, tandis qu'il doit se contenter d'attendre, toujours dans l'ombre d'une mère écrasante. La reine Élisabeth II s'est toujours méfiée des foucades et du caractère parfois imprévisible de son fils : plus il montera tard sur le trône, mieux cela vaudra pour la monarchie britannique. De lui, l'Histoire retiendra surtout l'image du patient Anglais, un prince de Galles qui ronge son frein avec plus ou moins de philosophie...

Pour ne rien arranger, il a la douleur de voir ses propres enfants s'entre-déchirer à l'heure où il entre dans ses vieux jours. Un an seulement après son mariage avec Meghan, voilà Harry qui rue dans les brancards, critique les méthodes du palais et finit par prendre le large avec son épouse en Californie, vendant ses états d'âme et ses souvenirs au plus offrant. Tout en appelant son père pour réclamer de l'argent – les histoires de famille sont toujours les mêmes... William coupe les ponts et Charles se désespère, attendant toujours une réconciliation familiale. Lors des obsèques du duc d'Édimbourg, alors qu'une rencontre est organisée dans le parc de Windsor avec ses deux fils, Charles III est obligé de lever les bras pour calmer la conversation qui s'envenime. « Ça suffit ! lance-t-il en s'interposant entre eux, comme le raconte Harry dans *Le Suppléant*. S'il vous plaît, les garçons, ne faites pas de mes dernières années un calvaire... »

Au printemps 2023, Charles le maudit accomplit enfin sa destinée : il est sacré sous les vivats à Westminster et surtout, la femme de sa vie devient reine, comme un triomphe sur les caprices du destin. Mais il faut toujours se méfier du bonheur gagné, il vient souvent réclamer son dû par des voies détournées... Huit mois plus tard, il apprend son cancer et doit à nouveau mener un combat qu'il n'imaginait pas. Et pour cause : les Windsor sont de nature solide, sa grand-mère s'est éteinte à 101 ans, son père à 99 ans et sa mère, Élisabeth, à 96 ans. Sans compter l'hygiène de vie remarquable qu'il a toujours observée depuis l'âge adulte : le roi est un adepte des aliments bio, peu d'alcool, pas de cigarettes, beaucoup de marche et une médecine préventive qu'il a longtemps adoptée et soutenue. La poisse jusqu'au bout.

L'Histoire l'avait pourtant prévenu : il ne fait pas bon porter le prénom de Charles sur le trône d'Angleterre... Le royaume se souvient encore du destin funeste de Charles Ier, qui monta sur le trône pendant la première moitié du XVIIe siècle, quand Louis XIII régnait en France. En un rien de temps, le souverain réussit à se mettre son pays, son peuple et les élites à dos. Il commence par épouser une princesse catholique française, veut imposer des réformes religieuses en Écosse, lève des taxes impopulaires et tente par tous les moyens de renforcer son pouvoir absolu en muselant le Parlement… Autant de poudrières qui débouchent, en 1642, sur une guerre civile que le roi perd six ans plus tard. Jugé pour haute trahison, il est décapité le 30 janvier 1649 devant le palais de Whitehall.

S'ouvre alors une période nouvelle, entre dictature et république, où le pouvoir exécutif se concentre entre les mains d'Oliver Cromwell pendant une dizaine d'années. L'Angleterre est toujours secouée par des combats entre royalistes et parlementaires, jusqu'à la restauration du pouvoir monarchique avec l'avènement du fils aîné de Charles Ier, qui monte sur le trône sous le nom de Charles II avec l'aval du Parlement.

Le destin du fils du roi renversé fut-il plus heureux que celui de son père ? À voir… Après des années d'exil, Charles II retrouve un pays fatigué et divisé. Et la malédiction semble toujours coller aux Charles comme le goudron sur la chaussée : sous son règne, Londres connaît une grande épidémie de peste suivie d'un dramatique incendie en 1666 qui détruit une grande partie de la cité – 13 000 maisons emportées dans les flammes… Le souverain n'aura aucun héritier direct, mais laisse une dizaine de bâtards entretenus aux frais de la couronne – ce qui n'arrange guère son image – et finit par laisser le trône à son frère Jacques II. Pas de quoi pavoiser.

Le tableau de famille ne serait pas complet sans un dernier, Charles III, jamais couronné mais appelé ainsi par ses partisans, qui porta l'espoir des Stuarts au milieu du XVIIIe siècle en tant que prétendant au trône d'Angleterre et d'Écosse. Descendant direct de Jacques II, mais par une branche écartée du pouvoir, Charles tenta de soulever ses partisans depuis l'Écosse, en s'appuyant sur les forces jacobites, et rencontra quelques succès avant d'être écrasé par les troupes anglaises. Sa tête mise à prix, il s'enfuit dans les Highlands, avant de finir sa vie en exil, en France puis en Italie, emportant avec lui ses rêves de gloire…

Une galerie de portraits qui parle d'elle-même et qui aurait poussé les plus sceptiques des princes à changer de prénom… Mais le nouveau roi Charles avait-il vraiment le choix, lui qui est connu sous ce nom par son peuple depuis si longtemps ? Opter pour un autre patronyme aurait sans doute été vécu comme une reculade et une crainte superstitieuse qui aurait déclenché les sarcasmes… Charles ne pouvait qu'épouser son destin, pour le pire et le meilleur, comme dans ces drames de Shakespeare qu'il affectionne tant.

Bibliographie sélective

Alexandre Philippe, l'Aulnoit Béatrice de, *La Dernière Reine*, Robert Laffont.

Arboit Gérald, *Napoléon et le Renseignement*, Perrin.

Baecque Antoine de, Berlioz Jacques, *Jean Jacob, l'homme de 120 ans*, Tallandier.

—, *Histoire des crétins des Alpes*, Vuibert.

Bardy Gérard, *Les Femmes du Général*, Plon.

Beaucarnot Jean-Louis, *Comment vivaient nos ancêtres*, JC Lattès.

Beaune Colette, *Jeanne d'Arc, vérités et légendes*, Perrin, coll. « Tempus ».

Bercé Yves-Marie, *Esprits et Démons. Histoire des phénomènes d'hystérie collective*, Vuibert.

Billard Thierry, *Paul Deschanel*, Perrin.

Bonini Emmanuel, *La Véritable Romy Schneider*, Pygmalion.

—, *La Véritable Joséphine Baker*, Pygmalion.

Bonnichon Philippe, Vergennes Charles-Philippe de, Chaline Olivier (dir.), *La France et l'Indépendance américaine*, Presses de l'Université, Paris Sorbonne.

Bornet Philippe, Lucotte Gérard, *Napoléon. 10 nouvelles énigmes résolues*, Max Milo.

Bourseiller Christophe, *Et s'ils étaient tous fous ? Enquête sur la face cachée des génies*, Vuibert.

Branca Éric, *L'Aigle et le Léopard. Les liaisons dangereuses entre l'Angleterre et le IIIe Reich*, Perrin.

Branda Pierre, *La Saga des Bonaparte, du* XVIIIe *siècle à nos jours*, Perrin.
—, *Joséphine, le paradoxe du cygne*, Perrin.
—, *Napoléon à Sainte-Hélène*, Perrin.
Casali Dimitri, *Napoléon sur le divan*, Flammarion.
—, *Paris Napoléon(s)*, Télémaque.
Carreau Nicolas, *La Vraie Vie des héros*, Vuibert.
Charlier Philippe, Alliot David, *Autopsie des cœurs célèbres*, Tallandier.
Cornette Joël, *Une brève histoire de l'identité bretonne, de Himilcon à nos jours*, Tallandier.
Daguenet Patrick, *Marie-Angélique de Fontanges*, Perrin.
Ethèvenaux Jean, *Les Grandes Heures de Lyon*, Perrin.
Faure Michel, *Charles III*, L'Archipel.
Feydeau Élisabeth de, *Dictionnaire amoureux du parfum*, Plon.
—, *L'Eau de rose de Marie-Antoinette et autres parfums de l'Histoire*, Prisma.
Frerejean Alain, *Napoléon face à la mort*, L'Archipel.
Fulligni Bruno, *La Fille de Napoléon*, Les Arènes.
Gaston-Breton Tristan, *La Saga des Rockefeller*, Tallandier.
Grataloup Christian, *Le Monde dans nos tasses*, Armand Colin.
Herrera Hayden, *Frida*, Flammarion.
Horts Stéphanie des, *Doris, le secret de Churchill*, Albin Michel.
Kersaudy François, *Dix faces cachées du communisme*, Perrin.
Kiejman Claude-Catherine, *Svetlana, la fille de Staline*, Tallandier.
Krumeich Gerd, *Jeanne d'Arc à travers l'histoire*, Albin Michel.
Lentz Thierry, Lopez Jean (dir.), *Les Mythes de la Grande Armée*, Perrin.
Lucand Christophe, *Le Vin et la Guerre*, Dunod.
Martin Marilyne, *La Goulue, reine du Moulin-Rouge*, Éditions du Rocher.
Massonie Albert, *J'ai soigné Pétain*, Tallandier.

Molin Michel (dir.), *Les Régulations sociales dans l'Antiquité*, Presses universitaires de Rennes.
Muchembled Robert, *La Civilisation des odeurs*, Tallandier.
Natta Marie-Christine, *Baudelaire*, Perrin.
Oppermann Fabien, *Dans les châteaux de la République*, Tallandier.
Orcival François d', *Histoires de l'Élysée*, Perrin.
Petitfils Jean-Christian (dir.), *Les Énigmes de l'histoire du monde*, Perrin.
—, *Les Grandes Énigmes de l'histoire*, Perrin.
—, *Versailles. Histoires, secrets et mystères*, Perrin.
Poisson Georges, *L'Élysée*, Pygmalion.
Poncet Olivier, *Mazarin l'Italien*, Tallandier.
Portier-Kaltenbach Clémentine, *Embrouilles familiales de l'Histoire de France*, JC Lattès.
Prassoloff Boris, *Tsars sans empire. Les Romanov en exil, 1919-1992*, Perrin.
Pruvost Jean, *La Story de la langue française. Ce que le français doit à l'anglais et vice-versa*, Tallandier.
Quentin Florence, *Les Grandes Souveraines d'Égypte*, Perrin.
—, *L'Égypte ancienne, vérités et légendes*, Perrin.
Quétel Claude, *Les Opérations les plus extraordinaires de la Seconde Guerre mondiale*, Perrin.
—, *Hitler, vérités et légendes*, Perrin.
—, *L'Histoire véritable de la prise de la Bastille*, Larousse.
Roberts Andrew, *Hitler et Churchill*, Perrin.
Roudaut Christian, *À la table des tyrans*, Tallandier.
Salles Catherine, *Néron*, Perrin.
Schnakenbourg Éric, *La Quasi-Guerre. Le conflit entre la France et les États-Unis, 1796-1800*, Tallandier.
Schwarzer Alice, *Romy Schneider intime*, L'Archipel.
Teyssier Éric, *Commode, l'empereur gladiateur*, Perrin.
Tierchant Hélène, *Sarah Bernhardt, scandaleuse et indomptable*, Tallandier.

Torres Pascal, *Les Secrets du Louvre*, Tallandier.
Trethewey Rachel, *Winston et ses filles. La saga des Churchill*, Alisio Histoire.
Tulard Jean, *Le Monde du crime sous Napoléon (1789-1875)*, Vuibert.
Valicourt Emmanuel de, *Louis XVI et ses frères*, Tallandier.
Verdon Jean, *Étonnant Moyen Âge*, Perrin.
Vey François, *La Tour Eiffel, vérités et légendes*, Perrin.
Vial Charles-Éloi, *La Famille royale au Temple*, Perrin.
—, *Marie-Louise*, Perrin.
Vinha Mathieu da, *Vivre à la cour de Versailles, en 100 questions*, Tallandier.
Zumthor Paul, *Guillaume le Conquérant*, Tallandier.

Table

L'APOGÉE DES BOURBONS

DE LA RÉVOLUTION À L'EMPIRE

LE XIXe SIÈCLE

LE XXᵉ SIÈCLE

Pour en savoir plus
sur les Éditions Perrin
vous pouvez consulter notre site Internet

www.editions-perrin.fr

lisez!

et nous suivre sur les réseaux sociaux

Editions Perrin

@EditionsPerrin

@editionsperrin

#lisez! engagé

Pour plus d'information :

www.lisez.com

Imprimé sur du papier issu de forêts gérées durablement.

CET OUVRAGE A ÉTÉ ACHEVÉ D'IMPRIMER SUR ROTO-PAGE
PAR L'IMPRIMERIE FLOCH À MAYENNE EN MAI 2025

N° d'éditeur : K10579/01
N° d'impression : 107110
Imprimé en France